박문각

조경국
경제학원론

조경국 편저

1차 | 단권화 합격노트 제4판

8년 연속

★ 전 체 ★
수 석

합 격 자 배 출

KB193976

박문각 감정평가사

브랜드만족
1위
박문각

감정평가사 등 각종 자격시험 1차에서 경제학이 차지하는 비중은 절대적이다. 다양한 시험에서 경제학은 미시, 거시 및 국제경제학의 다양한 분야별로 출제가 되고 있기 때문에 다른 과목들과 비교할 때 훨씬 방대한 분량을 학습해야 한다. 또한 경제학은 수험생들이 매우 기피하는 수식 및 그래프와 같은 수학적 기법의 사용이 필수적이기 때문에 난이도 면에서도 다른 과목들을 가히 압도하고도 남음이 있다. 결국 경제학은 각종 시험 준비에 있어서 최대의 걸림돌일 뿐만 아니라 수험생들에게 수험기간 내내 괴로움과 좌절을 안겨 주는 존재가 되고 있다.

그러나 이를 다른 관점에서 바라보자. 만일 경제학을 정복할 수만 있다면 합격으로 가는 길에 있어서 최대 난관을 제거할 수 있게 되고 고통스러운 수험생활을 보다 수월하게 극복해 낼 수 있다는 뜻이 된다. 다양한 시험과목 중에서 무엇보다도 경제학을 잘 마스터해 놓을 경우 그로 인한 긍정적 효과는 타과목 공부 및 전반적인 수험과정으로 파급되어 합격의 가능성을 더욱 높여줄 수 있다. 본서는 수험생들이 경제학에 보다 쉽게 접근하고 이를 통해 목표로 삼고 있는 각종 시험에서 원하는 성과를 얻을 수 있도록 도움을 주기 위해 집필되었다.

저자는 과거 행정고등고시 재경직에 합격하여 우리나라 미시경제정책의 핵심부서라고 할 수 있는 경쟁당국(공정거래위원회)에서 다양한 경험을 쌓았으며, 이후에는 숭실대학교 경제학과에서 교수로 근무하며 경제학을 강의해 왔다. 이를 통해 경제관료로서 경제정책 집행과 대학교수로서 경제이론 연구 및 강의라는 귀중한 경험을 쌓게 되었다. 본서는 그러한 과정에서 축적된 경제이론 및 정책에 대한 치열한 문제의식과 최선의 해법을 반영한 결과물임과 동시에 각종 시험을 준비하는 수험생들에게 합격으로 가는 길을 보여주는 가이드라인이다.

본서의 특징은 다음과 같다.

첫째, 본서는 기출간된 경제학 기본서와 문제집에 뒤이은 "출제이슈 정리를 위한 요약서 교재"이다. 기본서를 통해서 경제학의 논리적인 체계와 흐름을 일목요연하게 테마 중심으로 제시하였다면, 본 요약서 교재를 통해서는 시험에 출제된 내용들을 이슈 중심으로 빠짐없이 압축 · 정리하여 출제이슈 분석의 올바른 길을 제시하였다.

둘째, 본서는 고되고 힘든 경제학 수험과정에 있어서 "최고최선의 수험방향을 제시하는 나침반 교재"이다. 본서는 기본이론의 이해에서부터 시작하여 문제풀이를 거쳐 시험 직전 최종마무리에 이르기까지 수험생들이 헤매지 않고, 시간낭비하지 않고 가장 쉽고 빠르게 수험경제학을 정복하고 합격을 쟁취할 수 있도록 길잡이가 되어줄 것이다.

저자는 우리 수험생들이 본서를 수불석권의 교재로 잘 활용하기를 바란다.
기본이론을 공부하면서 동시에 본서를 통해 중요한 내용들을 확인하여 효율적이고 올바른 공부방향을 다잡아야 한다. 이어서 문제를 풀면서도 본서를 통해 다양한 문제유형별로 출제이슈를 명확히 정리하고 출제자의 의도까지 간파할 수 있어야 한다. 시험을 앞두고는 부담 없는 분량의 본서를 수시로 스키핑하면서 암기하면 완벽한 수험대비로 필요충분하다. 수험기간 내내 본서를 곁에 두고 단권화를 위한 베이스캠프로 활용하면서 스스로 손때 묻혀 가며 가필하고 더욱 보완해 나간다면 본 경제학원론 단권화 합격노트는 여러분만의 안성맞춤형 최종병기로 재탄생할 것이다.

경제학 기본서와 문제집 교재의 집필에 이어 또다시 한정된 짧은 시간 동안 책을 집필한다는 것은 역시 변함없이 고되면서도 희열 넘치는 일이다.

수험생들의 합격을 기원한다.

편저자 **조경국**

★ **차례** ★

CONTENTS | PREFACE |

차례

CONTENTS | PREFACE |

PART

01

미시경제학

CHAPTER

01

경제학의 기초

경제학의 기초

ISSUE 01 기회비용

1 기회비용의 개념

1) 어느 대안을 선택함으로써 포기한 모든 자원의 가치가 그 대안의 기회비용이 된다.

2) 어느 대안을 선택함으로써 포기할 수밖에 없는 다수의 다른 대안들 중에서 가장 가치 있는 것의 순편익으로 측정한다. 즉, 차선의 기회 가치가 된다.

2 기회비용의 측정

1) 명시적 비용

① 어느 대안을 선택함으로써 포기한 자원의 가치로서 실제로 지출된 금전적 비용이다.

② 대안 선택을 위해 실제로 지출하여야 하는 비용으로 회계장부에 기록된 회계적 비용이다.

2) 암묵적 비용

① 어느 대안을 선택함으로써 포기한 자원의 가치로서 실제로 지출된 비용은 아니지만, 얻을 수 있었던 수익의 감소로 인한 비용이다.

② 대안 선택을 위해서는 금전적 비용 이외에도 추가로 포기한 자원들(**예** 시간 등)이 있으며 그에 대한 가치가 바로 암묵적 비용이 된다.

3) 기회비용의 산식 = 금전적 지출액 + 포기한 대안의 순편익

3 소비활동과 기회비용

1) 소비로 인한 비용은 개인의 소비활동 과정에서 실제로 발생하는 지출과 실제로는 발생하지 않았으나 해당 소비로 인해 추가적으로 포기한 대안의 가치를 총괄하는 개념이다.

2) 명시적 비용

① 개인의 소비활동 과정에서 실제로 발생하는 지출

② 예 도서구입비, 영화관람비, 빵값 등

3) 암묵적 비용

① 개인의 소비활동 과정에서 실제로 발생한 지출은 아니지만 해당 소비로 인해서 포기한 다른 대안으로부터 얻을 수 있는 수익

② 예 영화관람의 경우 시간을 포기한 것이며 이로 인해 얻을 수 있는 수익으로서의 임금

4 생산활동과 기회비용

1) 생산으로 인한 비용은 기업의 생산활동 과정에서 실제로 발생하는 지출과 실제로는 발생하지 않았으나 해당 생산으로 인해 추가적으로 포기하는 대안의 가치를 총괄하는 개념이다.

2) 명시적 비용

① 기업의 생산활동 과정에서 실제로 발생하는 지출

② 예 원료구입비, 노동임금, 자본 임대료 등

3) 암묵적 비용

① 기업의 생산활동 과정에서 실제로 발생한 지출은 아니지만 생산 활동으로 인해서 포기한 다른 활동으로부터 얻을 수 있는 수익

② 예 자신 소유 및 거주 건물의 임대료 등

5 기회비용의 사용

1) 경제법칙과 경제원칙

모든 경제행위에는 얻게 되는 득이 있으면 잃게 되는 실이 있으며, 이때 잃게 되는 것을 기회비용의 관점에서 측정하게 된다.

2) 무차별곡선과 기회비용

특정소비자의 주관적 선호체계 내에서 동일한 효용을 유지한다는 가정하에서 재화 간 선택은 특정재화를 선택하면 다른 재화의 일부는 포기해야 하는 관계로서 기회비용적 관점을 전제로 하고 있다.

3) 등량곡선과 기회비용

특정생산자의 주관적 기술체계 내에서 동일한 생산량을 유지한다는 가정하에서 요소 간 선택은 특정 요소를 선택하면 다른 요소의 일부는 포기해야 하는 관계로서 기회비용적 관점을 전제로 하고 있다.

4) 생산가능곡선과 기회비용

특정생산자의 주관적 기술체계 내에서 생산의 파레토효율을 유지한다는 가정하에서 재화 간 선택은 특정 재화를 선택하면 다른 재화의 일부는 포기해야 하는 관계로서 기회비용적 관점을 전제로 하고 있다.

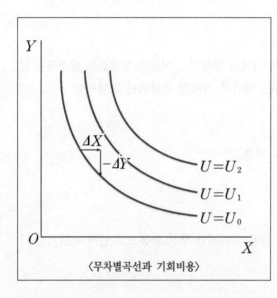

〈무차별곡선과 기회비용〉

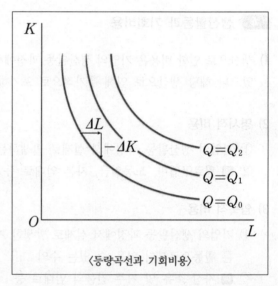

〈등량곡선과 기회비용〉

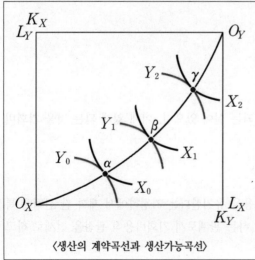

〈생산의 계약곡선과 생산가능곡선〉

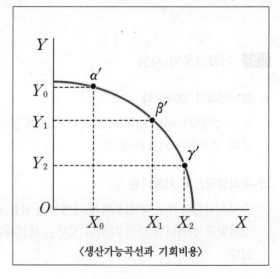

〈생산가능곡선과 기회비용〉

ISSUE 02 생산가능곡선

1 생산가능곡선의 성격

1) 생산가능곡선과 기회비용

특정생산자의 주관적 기술체계 내에서 생산의 파레토효율을 유지한다는 가정하에서 재화 간 선택은
특정 재화를 선택하면 다른 재화의 일부는 포기해야 하는 관계로서 기회비용적 관점을 전제한다.

2) 생산가능곡선은 자원의 희소성 및 기회비용 체증을 반영한다.

① 특정재화의 생산이 증가할수록 기회비용은 체증한다.
② 특정재화의 기회비용이 증가하는 경우 다른 재화의 기회비용은 상대적으로 감소한다.

3) 생산가능곡선은 생산의 파레토효율을 반영한다.

① 생산가능곡선상의 점은 생산의 효율성을 반영한다.
② 생산가능곡선 바깥은 실현 불가능하며 내부는 비효율을 의미한다.

2 생산가능곡선의 기울기와 볼록성

1) 생산가능곡선의 기울기 : 한계전환율 $MRT_{X, Y} = \dfrac{MC_X}{MC_Y}$

2) 한계전환율은 X재의 Y재로 측정한 가치로서 기회비용을 의미

3) 원점에 대해 볼록한 경우 : 기회비용 체감

4) 원점에 대해 오목한 경우 : 기회비용 체증

3 생산가능곡선과 경제성장

1) 기술혁신, 경제성장으로 인해서 생산능력이 증진되었을 때 생산가능곡선이 바깥으로 확장하면서 이동

2) 만일 특정 재화를 중심으로 경제성장이 발생할 경우 특정 재화에 편향되게 생산가능곡선이 확장

3) 이 경우 한계전환율의 변화에 특히 유의

① 특정 재화의 한계전환율은 감소하므로 기회비용 감소
② 다른 재화는 상대적으로 기회비용 증가

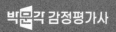 박문각 감정평가사

CHAPTER

02

수요와 공급이론

수요와 공급이론

ISSUE 01   수요함수와 수요곡선의 이동

1   수요스케줄 혹은 수요표

시장에서 주어진 특정가격에 대하여 소비자, 즉 수요자들이 수요하고자 하는 수량의 계획으로서 가격과 수요량을 각각 대응시킨 표를 의미한다.

2   수요법칙

시장에서 가격이 오르면 수요량은 감소하고 반대로 가격이 내리면 수요량은 증가하는 것이 일반적인 현상으로서 수요량과 가격은 역의 관계에 있음을 수요의 법칙이라고 한다.

3   수요함수

$Q_D = f(P, P', M, T)$, (Q_D : 수요량, P : 해당 재화의 가격, P' : 연관재화의 가격, M : 소득, T : 기호 및 기타 요인을 포괄)

수요스케줄과 수요법칙을 수리적으로 표현하면 수요함수가 되며, 그 기울기가 음수라는 것이 수요법칙을 의미한다. 수요함수식은 매우 일반적이므로 1차형태의 선형함수를 통해 구체적으로 나타내면 $P = a - bQ$ 로 나타낼 수 있는데 이를 역수요함수라고 한다.

4   수요곡선의 이동

1) 수요곡선의 이동 및 수요변화의 원인

    ① 수요곡선 자체의 이동은 수요의 변화를 의미한다.

    ② 가격이 불변일 때, 다른 요인(소득, 연관재화가격, 기호)이 변화하면 수요량이 변화한다.

       ⅰ) 소득 변화

       ⅱ) 연관재인 도시가스의 가격 변화

③ 수리적 분석

수요함수가 다음과 같은 경우

$Q = a + bP + cP' + dP'' + eI$ (P : 해당 재화가격, P', P'' : 연관재화가격, I : 소득)

$I = I_0 \rightarrow I_1$(소득 감소) or I_2(소득 증가)

$P' = P'_0 \rightarrow P'_1$(연관재가격 상승) or P'_2(연관재가격 하락)

$Q = Q_0 \rightarrow Q_1$(수요량 감소) or Q_2(수요량 증가)

2) 수요곡선상의 이동 및 수요량 변화의 원인

① 수요곡선상의 이동은 수요량의 변화를 의미한다.

② 다른 요인이 불변일 때, 가격이 변화하면 수요량이 변화한다.

③ 사례 : 전력에 대한 수요곡선상의 이동 − 전기료의 변화

④ 수리적 분석

수요함수가 다음과 같은 경우

$Q = a + bP + cP' + dP'' + eI$ (P : 해당 재화가격, P', P'' : 연관재화가격, I : 소득)

$P = P_0 \rightarrow P_1$ (가격 상승) or P_2(가격 하락)

$Q = Q_0 \rightarrow Q_1$ (수요량 감소) or Q_2(수요량 증가)

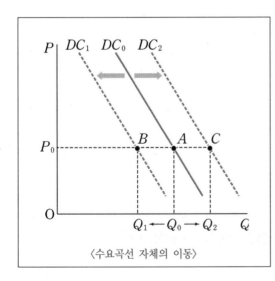

〈수요곡선 자체의 이동〉

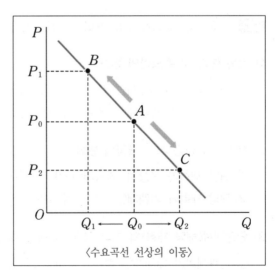

〈수요곡선 선상의 이동〉

ISSUE 02 수요함수와 재화의 성격

1 수요함수와 재화의 성격

1) 수요함수

$Q = a + bP + cP' + dP'' + eI$ (P : 해당 재화가격, P', P'' : 연관재화가격, I : 소득)

2) 수요의 결정요인과 재화의 성격

① 가격 : 가격탄력성, 기펜재 여부
② 소득 : 소득탄력성, 정상재, 사치재, 필수재, 열등재
③ 연관재가격 : 교차탄력성, 보완재, 대체재

3) 사례

① 수요함수 $Q_A = 0.8 - 0.8P_A - 0.2P_B + 0.6I$
수요함수 $Q_B = 1.1 - 1.3P_B - 0.25P_A + 0.7I$

② A, B재화는 정상재, 보완관계

2 소득 및 재화가격의 변화에 따른 재화의 성격

1) 소득 증가 시 수요량의 변화

① 해당 재화가 정상재인 경우 : 수요량 증가
② 해당 재화가 열등재인 경우 : 수요량 감소

2) 재화가격 상승 시 수요량의 변화

① 해당 재화가 정상재, 열등재인 경우 : 수요량 감소
② 해당 재화가 기펜재인 경우 : 수요량 증가

3) 연관재화(해당 재화)의 가격 상승 시 해당 재화(연관재화)의 수요량의 변화

① 연관재화가 대체재인 경우 : 수요량 증가, 가격 상승
② 연관재화가 보완재인 경우 : 수요량 감소, 가격 하락
③ 일반균형분석적 접근법

3 수요법칙의 예외

1) 기펜재 : 소득효과가 대체효과를 압도

2) 베블렌 효과 : 고가품, 과시욕구

4 수요법칙과 네트워크효과

1) 밴드왜건 효과

① 가격 하락 → 타인소비 증가 → 본인소비 증가 (수요곡선 완만함)

② 밴드왜건 효과는 가격이 하락하여 타인의 소비가 증가할수록 본인의 효용을 증가시켜서 본인의 소비가 증가하는 현상으로서 가격하락 시 수요량의 증가를 더욱 증폭시켜서 수요곡선이 완만하게 형성되는 원인으로 작용한다.

2) 스놉 효과

① 가격 하락 → 타인소비 증가 → 본인소비 감소 (수요곡선 가파름)

② 스놉 효과는 가격이 하락하여 타인의 소비가 증가할수록 본인의 효용을 감소시켜서 오히려 본인의 소비가 감소하는 현상으로서 가격하락 시 수요량의 증가를 어느 정도 상쇄하여 수요곡선이 가파르게 형성되는 원인으로 작용한다.

5 시장수요곡선

1) 도출방법

시장수요곡선은 개별수요곡선을 수평합하여 도출한다. 만일 사적재화가 아니라 공공재인 경우라면 공공재에 대한 개별수요곡선을 수직합하여 시장수요곡선을 도출해야 한다.

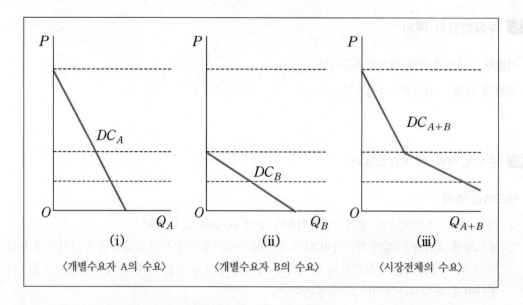

2) **시장수요곡선의 기울기** : 시장수요곡선은 개별수요곡선보다 더 완만하다.

ISSUE 03 가격탄력성

1 가격탄력성

1) 개념
① 가격변화에 따른 수요량 변화 정도를 측정
② 가격이 변화할 때 그에 따른 수요량이 얼마나 민감하게 반응하는지 측정

2) 계산식 $e_p = -\dfrac{\dfrac{dQ}{Q} \,(\text{수요량 변화율})}{\dfrac{dP}{P} \,(\text{가격 변화율})}$

3) 기하적 분석 $e_p = -\dfrac{\dfrac{dQ}{Q}}{\dfrac{dP}{P}} = -\dfrac{dQ}{dP} \cdot \dfrac{P}{Q} = \dfrac{c}{a} \cdot \dfrac{b}{c} = \dfrac{b}{a}$

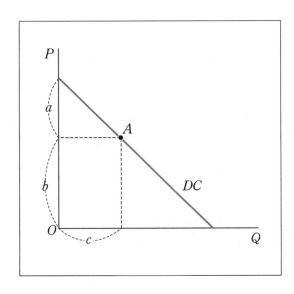

2 가격탄력성의 계산 및 활용

1) 직각쌍곡선 : 모든 점에서 항상 가격탄력성이 1
2) 적정수요량 유도를 위한 정책적 가격 책정
3) 시장균형을 구한 후 가격탄력성 계산
4) 가격탄력성과 독점기업의 가격차별

ISSUE 04 가격탄력성과 기업의 총수입

1 가격탄력성과 기업의 총수입

1) 가격변화에 따른 기업의 총수입 변화를 측정

2) 수리적 분석

기업의 수입 $TR = P \cdot Q$ 수요함수 $P = p(Q) = a - bQ$

$$\therefore TR = (a - bQ) \cdot Q = aQ - bQ^2 = -b(Q - \frac{a}{2b})^2 + \frac{a^2}{4b}$$

$$\therefore P = \frac{a}{2}, \ Q = \frac{a}{2b}, \ e_P = 1 일 \ 때 \ TR 이 \ 최대$$

3) 기하적 분석

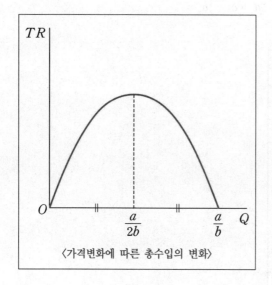

〈가격변화에 따른 총수입의 변화〉

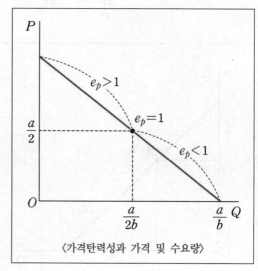

〈가격탄력성과 가격 및 수요량〉

2 기업의 가격책정에 따른 총수입의 변화

1) $e_P > 1$ 인 영역(탄력적 구간)

  ① 가격 인상 → 수요량 감소 → 총수입 감소 ② 가격 인하 → 수요량 증가 → 총수입 증가

2) $e_P < 1$ 인 영역(비탄력적 구간)

  ① 가격 인상 → 수요량 감소 → 총수입 증가 ② 가격 인하 → 수요량 증가 → 총수입 감소

ISSUE 05 소득탄력성과 교차탄력성

1 소득탄력성

1) 개념

① 소득 변화에 따른 수요량 변화 정도를 측정

② 소득이 변화할 때 그에 따른 수요량이 얼마나 민감하게 반응하는지 측정

2) 계산식 $e_M = \dfrac{\dfrac{dQ}{Q} \text{ (수요량 변화율)}}{\dfrac{dM}{M} \text{ (소득 변화율)}}$

3) 재화의 성격과 소득탄력성

① 정상재 : 소득탄력성 > 0

　i) 필수재 : 0 < 소득탄력성 < 1

　ii) 사치재 : 소득탄력성 > 1

② 열등재 : 소득탄력성 < 0

2 교차탄력성

1) 개념

① 다른 재화가격 변화에 따른 수요량 변화

② 다른 재화가격이 변화할 때, 그에 따른 수요량이 얼마나 민감하게 반응하는지 측정

2) 계산식 $e_c = \dfrac{\dfrac{dQ}{Q} \text{ (수요량 변화율)}}{\dfrac{dP_R}{P_R} \text{ (다른 재화가격의 변화율)}}$

3) 재화의 성격과 교차탄력성

① 교차탄력성 > 0 : 대체재

② 교차탄력성 < 0 : 보완재

③ 교차탄력성의 절댓값이 0에 가까우면 두 재화는 서로 독립적

ISSUE 06 공급함수와 공급곡선의 이동

1 공급스케줄 혹은 공급표

시장에서 주어진 특정가격에 대하여 생산자, 즉 공급자들이 공급하고자 하는 수량의 계획으로서 가격과 공급량을 각각 대응시킨 표를 의미한다.

2 공급법칙

시장에서 가격이 오르면 공급량은 증가하고 반대로 가격이 내리면 공급량도 감소하는 것이 일반적인 현상으로서 공급량과 가격은 정의 관계에 있음을 공급의 법칙이라고 한다.

3 공급함수

$Q_S = f(P, W, R, T)$, (Q_S : 공급량, P : 해당 재화의 가격, W : 노동임금, R : 자본임대료, T : 기술)

공급스케줄과 공급법칙을 수리적으로 표현하면 공급함수가 되며 그 기울기가 양수라는 것이 공급법칙을 의미한다. 공급함수식은 매우 일반적이므로 1차형태의 선형함수를 통해 구체적으로 나타내면 $P = c + dQ$ 로 나타낼 수 있는데 이를 역공급함수라고 한다.

4 공급곡선의 이동

1) 공급곡선의 이동 및 공급변화의 원인

① 공급곡선 자체의 이동은 공급의 변화를 의미한다.

② 가격이 불변일 때, 공급량에 영향을 미치는 다른 요인(기술, 요소가격)이 변화하면 공급량이 변화한다.

  ⅰ) 기술진보

  ⅱ) 노동임금의 변화

③ 수리적 분석

  공급함수가 다음과 같은 경우

  $Q = a + bP + cW$ (Q : 공급량, P : 해당 재화의 가격, W : 노동임금)

$$W = W_0 \rightarrow W_1(\text{임금 상승}) \text{ or } W_2(\text{임금 하락})$$

$$Q = Q_0 \rightarrow Q_1 \text{ (공급량 감소) or } Q_2 \text{ (공급량 증가)}$$

2) 공급곡선상의 이동 및 공급량 변화의 원인

① 공급곡선상의 이동은 공급량의 변화를 의미한다.

② 다른 요인이 불변일 때, 가격이 변화하면 공급량이 변화한다.

③ **사례** : 전력의 공급곡선상의 이동 – 전기료의 변화

④ 수리적 분석

공급함수가 다음과 같은 경우

$$Q = a + bP + cW \ (Q : \text{공급량}, \ P : \text{해당 재화의 가격}, \ W : \text{노동임금})$$

$$P = P_0 \rightarrow P_1 \text{ (가격 상승) or } P_2(\text{가격 하락})$$

$$Q = Q_0 \rightarrow Q_1 \text{ (공급량 증가) or } Q_2 \text{ (공급량 감소)}$$

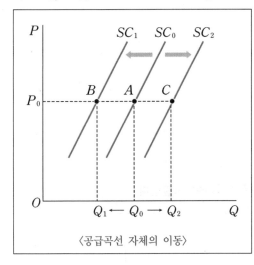

〈공급곡선 자체의 이동〉

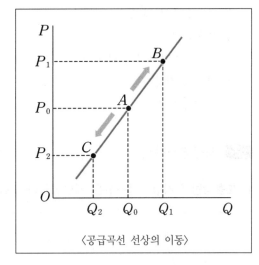

〈공급곡선 선상의 이동〉

ISSUE 07 공급탄력성과 시장공급곡선

1 특수한 공급곡선과 가격탄력성

1) 공급곡선의 유형

① 수직의 공급곡선 : 가격탄력성 = 0
② 수평의 공급곡선 : 가격탄력성 = ∞
③ 원점을 통과하는 직선인 공급곡선 : 가격탄력성 = 1
④ 종축에서 출발하는 직선인 공급곡선 : 가격탄력성 > 1
⑤ 횡축에서 출발하는 직선인 공급곡선 : 가격탄력성 < 1

2) 공급탄력성의 결정요인

① 기술수준의 정도
② 유휴설비
③ 생산요소가격의 변화 정도
④ 재화의 저장가능성 및 저장 비용
⑤ 고려하는 기간의 길이

2 시장공급곡선

1) 도출방법 : 시장공급곡선은 개별공급곡선을 수평합하여 도출한다.

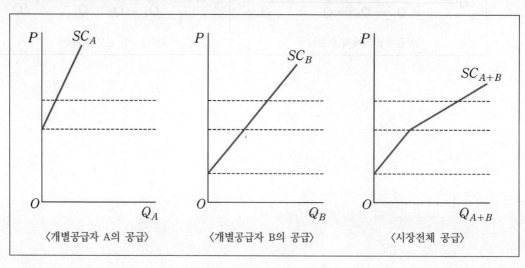

〈개별공급자 A의 공급〉　　〈개별공급자 B의 공급〉　　〈시장전체 공급〉

2) 시장공급곡선의 기울기 : 시장공급곡선은 개별공급곡선보다 더 완만하다.

ISSUE 08 시장균형 및 균형의 변화

1 시장균형

1) 시장수요 $Q_D = a - bP$ 또는 $P = a - bQ_D$

2) 시장공급 $Q_S = c + dP$ 또는 $P = c + dQ_S$

3) 시장균형 $Q_D = Q_S$

2 시장균형의 변화

1) 수요 측 요인의 변화 : 수요곡선의 이동 **cf** 가격변화 : 수요곡선상의 이동

　① 소득의 변화 ② 선호의 변화

2) 공급 측 요인의 변화 : 공급곡선의 이동 **cf** 가격변화 : 공급곡선상의 이동

　① 노동비용, 자본비용의 변화 ② 기술의 변화

3 시장균형의 변화와 탄력성

1) 공급이 증가할 때 거래량이 크게 증가하는 경우

　수요곡선이 탄력적이고 공급곡선이 비탄력적일 때 거래량 증가가 크다.

2) 공급이 증가할 때 거래량이 작게 증가하는 경우

　수요곡선이 비탄력적이고 공급곡선이 탄력적일 때 거래량 증가가 작다.

3) 공급이 증가할 때 가격이 크게 하락하는 경우

　수요곡선이 비탄력적일 때 가격 하락이 크다.

4) 공급이 증가할 때 가격이 작게 하락하는 경우

　수요곡선이 탄력적일 때 가격 하락이 작다.

4 풍년의 비극과 탄력성

풍년으로 인해 농산물 공급이 증가할 때 가격이 폭락하는 경우는 비탄력적인 수요인 경우에 더욱 폭락할 수 있다.

ISSUE 09 소비자잉여와 생산자잉여

1 시장균형과 잉여

시장의 균형과 소비자잉여, 생산자잉여를 기하적으로 표시하면 아래와 같다.

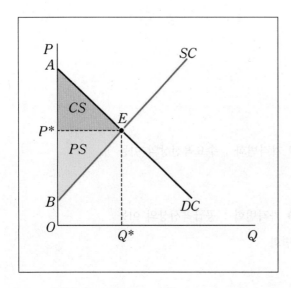

2 수요의 변화와 잉여

1) 수요가 증가하여 가격이 상승하는 경우 생산자잉여는 증가한다.

2) 수요가 감소하여 가격이 하락하는 경우 생산자잉여는 감소한다.

3) 수요가 증가하여 가격이 상승하는 경우 소비자잉여는 증가한다.

4) 수요가 감소하여 가격이 하락하는 경우 소비자잉여는 감소한다.

3 공급의 변화와 잉여

1) 공급이 증가하여 가격이 하락하는 경우 소비자잉여는 증가한다.

2) 공급이 감소하여 가격이 상승하는 경우 소비자잉여는 감소한다.

3) 공급이 증가하여 가격이 하락하는 경우 생산자잉여는 증가한다.

4) 공급이 감소하여 가격이 상승하는 경우 생산자잉여는 감소한다.

4 탄력성과 잉여

1) 수요의 가격탄력성이 클수록 소비자잉여는 작아진다.

2) 공급의 가격탄력성이 클수록 생산자잉여는 작아진다.

3) 공급의 가격탄력성과 소비자잉여는 무관하다.

4) 수요의 가격탄력성과 생산자잉여는 무관하다.

5 거래량 제한 시 잉여

1) 소비자잉여는 감소하며, 소비자잉여의 감소분 중 일부는 생산자에게로 전이된다.

2) 생산자잉여는 불확실하며, 소비자로부터 일부 전이되어 증가한 부분과 생산량 감소로 인해 감소한 부분의 상대적 크기에 의해 결정된다.

6 소비자잉여와 자원배분의 효율성

1) 소비자잉여를 제고하는 정책이 반드시 자원배분의 효율성을 가져오는 것은 아니다.

2) 예를 들어 보조금 지급은 소비자잉여를 늘릴 수 있으나 자원배분의 효율성을 저해한다.

7 조세부과 시 잉여 → Issue 12 참조

8 가격규제 시 잉여 → Issue 14, 15 참조

9 독점 시 잉여 → 시장이론의 독점시장 참조

ISSUE 10 조세의 귀착과 탄력성

1 조세부과의 효과

1) 소비자직면가격 상승($P_0 \rightarrow P_t$)

2) 생산자직면가격 하락($P_0 \rightarrow P'_t$)

3) 거래량 감소($Q_0 \rightarrow Q_t$)

4) 사회총잉여 감소(소비자잉여 감소, 생산자잉여 감소)

2 조세귀착의 기하적 분석

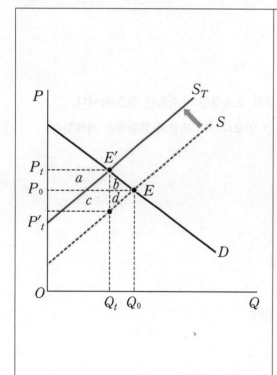

1) 가격의 이원화

① 소비자 인식가격 P_t

② 생산자 인식가격 P'_t

2) 조세의 부담

① 소비자 부담 $P_t - P_o$

② 생산자 부담 $P_o - P'_t$

3) 조세수입

$$T = 소비자 부담 + 생산자부담 = P_t - P'_t$$

4) 사회총잉여 증감(비효율성)

① 소비자잉여의 감소분　$-(a+b)$

② 생산자잉여의 감소분　$-(c+d)$

③ 정부조세수입의 증가분　$+(a+c)$

3 조세의 귀착

1) 소비자부담 $P_t - P_o$: 과세 후 소비자직면가격 – 과세 전 가격

2) 생산자부담 $P_o - P_t^{'}$: 과세 전 가격 – 과세 후 생산자직면가격

3) 소비자부담 + 생산자부담 = 과세 후 소비자직면가격 P_t – **과세 후 생산자직면가격** $P_t^{'}$ = **조세**

4 조세의 귀착과 탄력성

1) 수요의 탄력성과 조세부담의 귀착

① 수요의 가격탄력성이 클수록 소비자부담은 작고, 생산자부담은 크다.

② 수요가 완전히 고정되어 수요곡선이 수직선(수요의 가격탄력성이 0, 완전비탄력적)인 경우 생산자에게 조세가 부과되면, 거래량은 불변이고 시장균형가격(소비자 직면가격)은 상승하며 생산자 직면가격은 불변이므로 생산자는 전혀 부담을 지지 않는다. 모든 부담은 소비자가 지 게 되며, 소비자 직면가격은 이전보다 단위당 조세가 가산된 금액이 된다.

2) 공급의 탄력성과 조세부담의 귀착

① 공급의 가격탄력성이 클수록 생산자부담은 작고, 소비자부담은 크다.

② 공급이 완전히 고정되어 공급곡선이 수직선(공급의 가격탄력성이 0, 완전비탄력적)인 경우 생산자에게 조세가 부과되면, 거래량은 불변이고 생산자 직면가격은 하락하며, 시장균형가격 (소비자 직면가격)은 불변이므로 소비자는 전혀 부담을 지지 않는다. 모든 부담은 생산자가 지게 되며, 생산자 직면가격은 이전보다 단위당 조세가 차감된 금액이 된다.

5 조세의 귀착과 수요-공급곡선의 기울기

1) 소비자부담은 수요곡선의 기울기에 비례하고 생산부담은 공급곡선의 기울기에 비례한다.

2) $\dfrac{소비자\ 부담}{생산자\ 부담} = \dfrac{DC\ 기울기}{SC\ 기울기}$

ISSUE 11 조세의 귀착 계산

1 생산자에게 부과되는 경우

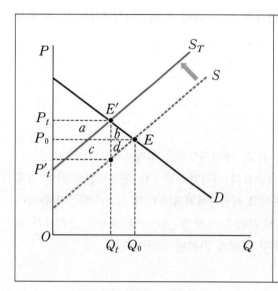

1) **소비자부담** $P_t - P_o$

   과세 후 소비자직면가격

   $-$과세 전 가격

2) **생산자부담** $P_o - P_t^{'}$

   과세 전 가격

   $-$과세 후 생산자직면가격

3) **소비자부담 + 생산자부담 = 조세**

   과세 후 소비자직면가격 P_t

   $-$과세 후 생산자직면가격 $P_t^{'}$

2 소비자에게 부과되는 경우

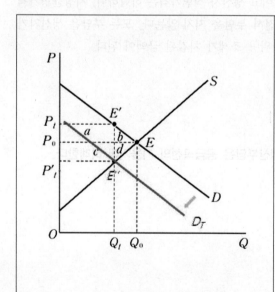

1) **소비자부담** $P_t - P_o$

   과세 후 소비자직면가격

   $-$과세 전 가격

2) **생산자부담** $P_o - P_t^{'}$

   과세 전 가격

   $-$과세 후 생산자직면가격

3) **소비자부담 + 생산자부담 = 조세**

   과세 후 소비자직면가격 P_t

   $-$과세 후 생산자직면가격 $P_t^{'}$

ISSUE 12 조세의 초과부담과 탄력성

1 조세의 초과부담

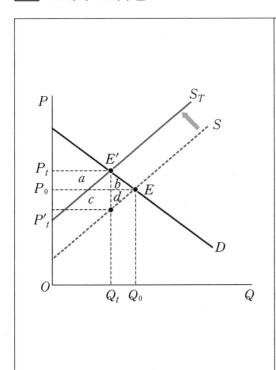

1) 가격의 이원화

① 소비자 인식가격 P_t

② 생산자 인식가격 $P_t^{'}$

2) 조세의 부담

① 소비자 부담 $P_t - P_o$

② 생산자 부담 $P_o - P_t^{'}$

3) 조세수입

$T = 소비자부담 + 생산자부담 = P_t - P_t^{'}$

4) 사회총잉여 증감(비효율성)

① 소비자잉여의 감소분 $-(a+b)$

② 생산자잉여의 감소분 $-(c+d)$

③ 정부조세수입의 증가분 $+(a+c)$

2 조세의 초과부담 및 귀착과 수요탄력성

1) 수요탄력성이 클수록 초과부담, 시장왜곡, 자원배분의 비효율성이 크다.

2) 수요가 완전비탄력적인 경우

① 조세부담은 소비자가 모두 부담

② 시장거래량은 불변, 소비자직면가격(과세 후 시장가격)은 상승, 공급자직면가격은 불변

③ 생산자잉여는 불변, 소비자잉여는 조세액만큼 감소

④ 초과부담은 없음

3 조세의 초과부담 및 귀착과 공급탄력성

1) 공급탄력성이 클수록 초과부담, 시장왜곡, 자원배분의 비효율성이 크다.

2) 공급이 완전비탄력적인 경우

① 조세부담은 생산자가 모두 부담

② 시장거래량은 불변, 소비자직면가격(과세 후 시장가격)은 불변, 공급자직면가격은 하락

③ 소비자잉여는 불변, 생산자잉여는 조세액만큼 감소

④ 초과부담은 없음

4 조세의 초과부담 최소화

1) 조세제도와 초과부담

어떤 조세제도가 있을 때 이로부터 초과부담(excess burden)이 발생하게 되는데 이의 총합을 극소화하여야 조세로 인한 비효율성을 최소로 만들 수 있다.

2) 조세제도의 초과부담 극소화

① 한계초과부담(marginal excess burden, MEB)

어떤 상품에서의 조세징수액을 1원 증가시킬 경우 그로 인한 초과부담의 증가분

② 한계초과부담 균등화

조세제도 전체의 초과부담을 극소화하기 위해서는 각 상품에서의 한계초과부담을 균등하게 만드는 것이 필요하다.

3) 램지규칙

① 전체 초과부담을 최소화하기 위해서는 과세 후 각 상품의 수요량(거래량) 감소율이 동일

② 모든 상품의 세율이 동일하다고 해서 효율적인 조세구조인 것은 아니며 조세부과로 인해 나타나는 수요량의 감소에 있어 동일한 비율이 달성되어야만 최적의 조세

4) 역탄력성 규칙

① 전체 초과부담을 최소화하기 위해서는 세율은 가격탄력성과 반비례하도록 설정

② 가격탄력성이 큰 상품에는 상대적으로 낮은 세율을 적용하고 가격탄력성이 작은 상품에는 상대적으로 높은 세율을 적용해야 전체 초과부담의 합을 최소화

ISSUE **13** 조세의 초과부담 계산

1 생산자에게 부과하는 경우

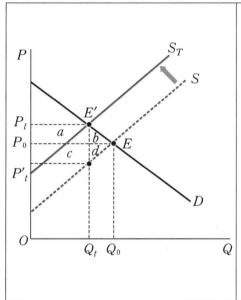

1) 가격의 이원화

　① 소비자 인식가격 P_t　② 생산자 인식가격 $P_t^{'}$

2) 조세의 부담

　① 소비자 부담 $P_t - P_o$　② 생산자 부담 $P_o - P_t^{'}$

3) 조세수입

　$T = $ 소비자 부담 $+$ 생산자부담 $= P_t - P_t^{'}$

4) 사회총잉여 증감(비효율성)

　① 소비자잉여의 감소분　$-(a+b)$

　② 생산자잉여의 감소분　$-(c+d)$

　③ 정부조세수입의 증가분　$+(a+c)$

2 소비자에게 부과하는 경우

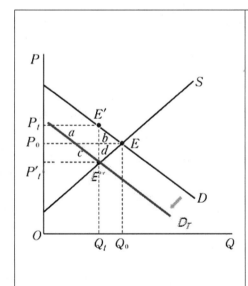

1) 가격의 이원화

　① 소비자 인식가격 P_t　② 생산자 인식가격 $P_t^{'}$

2) 조세의 부담

　① 소비자 부담 $P_t - P_o$　② 생산자 부담 $P_o - P_t^{'}$

3) 조세수입

　$T = $ 소비자 부담 $+$ 생산자부담 $= P_t - P_t^{'}$

4) 사회총잉여 증감(비효율성)

　① 소비자잉여의 감소분　$-(a+b)$

　② 생산자잉여의 감소분　$-(c+d)$

　③ 정부조세수입의 증가분　$+(a+c)$

ISSUE 14 최고가격규제

1 최고가격규제 : 시장균형가격보다 낮은 수준으로 거래가격 통제

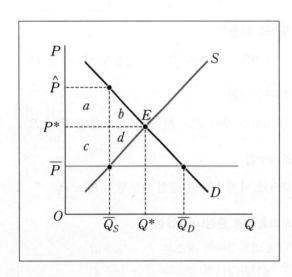

2 최고가격제의 효과

1) 거래가격 통제, 고정 : $P = \overline{P}$

2) 수급량 괴리

① 수요량 증가 : $Q^* \rightarrow \overline{Q_D}$

② 공급량 감소 : $Q^* \rightarrow \overline{Q_s}$

③ 초과수요 = 증가한 수요량 + 감소한 공급량 = $(\overline{Q_D} - Q^*) + (Q^* - \overline{Q_S}) = (\overline{Q_D} - \overline{Q_S})$

3) 가격압력 : 초과수요 $\rightarrow \left(\begin{array}{c} 가격상승압력 \\ 가격고정 \end{array}\right) \rightarrow$ 초과수요 해소 위한 정부 보조금 지급 가능성

4) 사회총잉여 감소 : 가격규제로 인한 자중손실

① 소비자잉여의 감소분 $-b + c$

② 생산자잉여의 감소분 $-c - d$

③ 사회총잉여의 감소분 = ① + ② = $-(b + d)$

3 최고가격제의 부작용(예 분양가 상한제, 임대료 규제)

1) 암시장 출현

2) 주택의 질적 수준 저하

3) 비가격방식의 임대방식 출현, 비효율성 노정

4) 장기적 주택공급의 감소(단기보다 장기에 더 많이 감소할 가능성)

5) 공급이 매우 탄력적일 경우 공급량이 매우 줄어서 소비자후생 악화될 수도 있음

4 최고가격제의 부작용의 완화

1) 정부의 보조금 지급

2) 그 외 공급증대를 위한 각종 인센티브 제공

5 최고가격규제 vs 자유무역(수입시)

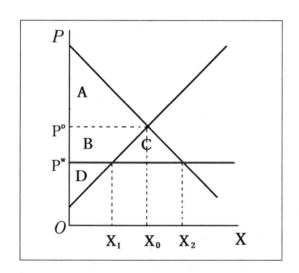

1) 무역 이후에 국내가격은 세계가격 수준인 P^W으로 하락하고, 국내생산량은 X_1으로서 무역 이전보다 감소하며 국내소비량은 X_2으로서 무역 이전보다 증가함

2) 국내생산량과 국내소비량의 차이는 수입이 되며, 무역 이후에 소비자잉여는 $A+B+C$, 생산자잉여는 D, 사회총잉여는 $A+B+C+D$

ISSUE 15 최저가격규제

1 최저가격규제 : 시장균형가격보다 높은 수준으로 거래가격 통제

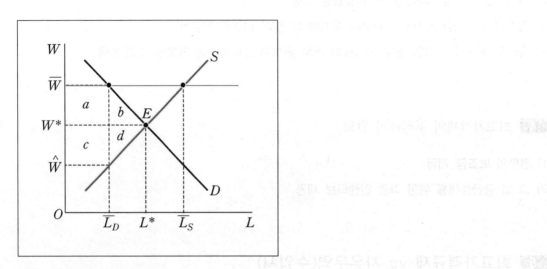

2 최저가격제의 효과

1) 거래가격, 임금 통제, 고정 : $W = \overline{W}$

2) 수급량 괴리(미숙련노동시장, 실업발생)

① 미숙련 노동공급 증가 : $L^* \rightarrow \overline{L_S}$

② 미숙련 노동수요 감소 : $L^* \rightarrow \overline{L_D}$, 노동수요가 탄력적인 경우 실업증가

③ 초과공급 = 증가한 공급량 + 감소한 수요량 = $(\overline{L_S} - L^*) + (L^* - \overline{L_D}) = (\overline{L_S} - \overline{L_D})$

3) 가격압력 : 초과공급 $\rightarrow \begin{pmatrix} 가격하락압력 \\ 가격고정 \end{pmatrix} \rightarrow$ 초과공급 해소 위한 정부 보조금 지급 가능성

4) 사회총잉여 감소 : 가격규제로 인한 자중손실

① 노동수요자의 후생감소분(소비자잉여의 감소분) $-a-b$

② 노동공급자의 후생감소분(생산자잉여의 감소분) $+a-d$

③ 사회총잉여의 감소분 = ① + ② = $-(b+d)$

3 최저가격제의 부작용(예 최저임금제)

1) 노동환경 질적 수준 저하

2) 비가격방식의 근로계약방식 출현, 비효율성 노정

4 최저가격제의 부작용의 완화

1) 정부의 보조금 지급

2) 그 외 수요증대를 위한 각종 인센티브 제공

3) 노동수요가 비탄력적인 경우 실업발생 감소

5 최저가격제와 탄력성

수요가 탄력적인 경우 최저가격제로 인해 거래량 감소가 커진다.

6 최저가격규제 vs 자유무역(수출시)

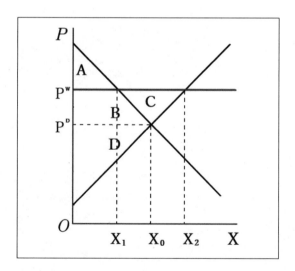

1) 무역 이후에 국내가격은 세계가격 수준인 P^W으로 상승하고 국내생산량은 X_2으로서 무역 이전보다 증가하며 국내소비량은 X_1으로서 무역 이전보다 감소함

2) 국내생산량과 국내소비량의 차이는 수출이 되며 무역 이후에 소비자잉여는 A, 생산자잉여는 $B + C + D$, 사회총잉여는 $A + B + C + D$

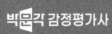
박문각 감정평가사

CHAPTER

03

소비이론

소비이론

ISSUE 01 무차별곡선과 예산선

1 무차별곡선의 의의

1) 서수적 효용

2) 효용의 기수적 측정을 극복

2 무차별곡선의 성질

1) 소비자의 선호체계를 반영한다.

2) 임의의 소비점을 지나는 무차별곡선이 존재한다(완전성).

3) 우하향한다(대체성).

4) 교차하지 않는다(이행성).

5) 원점에서 멀리 떨어질수록 큰 효용을 갖는다(단조성).

6) 원점에 대해 볼록하다(한계대체율 체감).

3 무차별곡선의 기울기와 한계대체율

$$\Delta X \Leftrightarrow -\Delta Y \quad \therefore MU_X \cdot \Delta X = -MU_Y \cdot \Delta Y$$

$$\therefore -\frac{\Delta Y}{\Delta X} = \frac{MU_X}{MU_Y} \rightarrow MRS_{X,Y} (\text{한계대체율})$$

⇒ 특정 소비자에 있어서 주관적인, X재 1단위의, Y재로 표시한, 실물가격

4 다양한 무차별 곡선

1) CD 효용함수

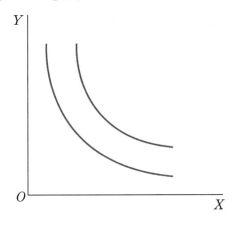

$$U = A \; X^{\alpha} \; Y^{\beta}$$

2) 선형효용함수

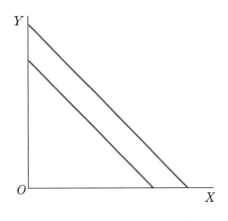

$$U = \frac{X}{a} + \frac{Y}{b}$$

3) 레온티에프 효용함수

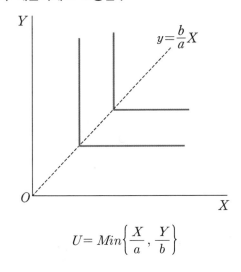

$$U = Min\left\{\frac{X}{a}, \frac{Y}{b}\right\}$$

4) 준선형효용함수

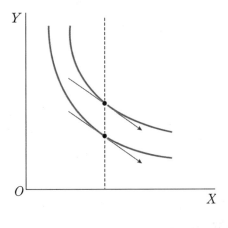

$$U = \ln X + Y$$

5 비재화의 무차별곡선

1) 우하향하지 않을 수 있다.

2) 원점에서 멀리 떨어질수록 큰 효용이 아닐 수 있다.

3) 원점에 대해 볼록하지 않을 수 있다.

4) 예외적 무차별곡선

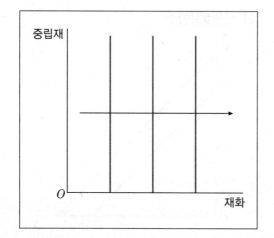

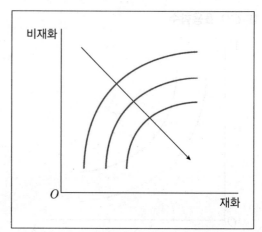

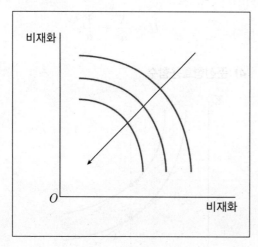

6 예산선

1) $P_X \, X + P_Y \, Y = M$, 단, P_X, P_Y, M은 상수

2) 기울기와 상대가격

$$\Delta X \Leftrightarrow - \Delta Y \quad \therefore \; P_X \, \Delta X = - P_Y \, \Delta Y$$

$$\therefore \; - \frac{\Delta Y}{\Delta X} = \frac{P_X}{P_Y} \; \rightarrow \; 상대가격$$

⇒ 시장에서 객관적인, X재 1단위의, Y재로 표시한, 실물가격

3) 예산선의 이동

① 소득의 변화 : 평행이동
② 재화가격의 변화 : 회전이동
③ 소득과 재화가격이 같은 비율로 변화할 경우 예산선 불변

7 다양한 예산선

1) 현금보조 시 예산선

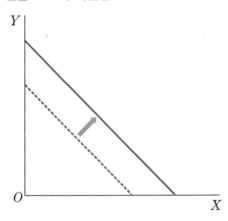

2) 현물보조 시 예산선

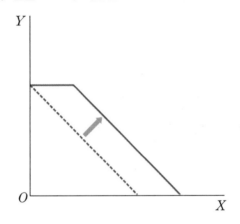

3) 가격할인 시 예산선

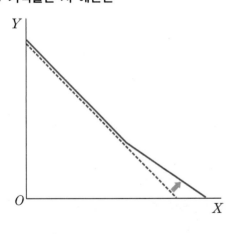

4) 구입제한 시 예산선

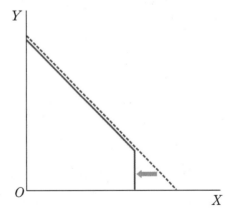

ISSUE 02 소비자 최적선택의 조건

1 의의

주어진 예산제약하에서 소비자 효용을 극대화한 상태(소비자 균형)

2 수리적 분석

$$Max \; U = U(X, Y)$$
$$X, Y$$
$$s, t. \quad P_X X + P_Y Y = M$$

3 기하적 분석

예산선과 무차별곡선이 접하는 $E_0(X_0, Y_0)$에서 소비자 균형 달성

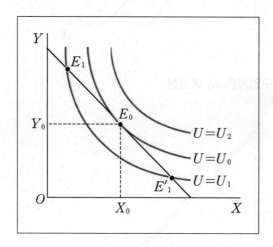

1) 소비자 최적선택이 달성되지 않는 소비의 경우 적절히 그 소비량을 조절해야 한다.

2) 어느 한 재화의 소비를 줄이고 대신 다른 재화의 소비를 늘리면 효용이 증가한다.

3) 극단적인 소비보다는 평균적인 소비가 더 큰 효용을 가져온다.

4) 각 재화 구입에 소요되는 1원의 한계효용이 동일하다. ($\dfrac{MU_X}{P_X} = \dfrac{MU_Y}{P_Y}$)

4 수리적 분석과 기하적 분석의 동시 활용

1) (−) 무차별곡선의 기울기 = (−) 예산선의 기울기

→ 한계대체율 $(\dfrac{MU_X}{MU_Y})$ = 상대가격 $(\dfrac{P_X}{P_Y})$ --------- ①

→ X재 구입 1원의 한계효용 $(\dfrac{MU_X}{P_X})$ = Y재 구입 1원의 한계효용 $(\dfrac{MU_Y}{P_Y})$

2) 균형은 예산선 상에서 달성

→ $P_X\,X + P_Y\,Y = M$ --------------------- ②

5 1계조건과 2계조건

1) 1계조건

① 효용극대화 1계조건이 만족되었다고 해서 반드시 효용극대화가 달성된다는 것은 아니다. 따라서 1계조건 이외에 2계조건을 통해서 효용극대화 여부를 판정할 필요가 있다.

② 만일 무차별곡선이 원점에 대하여 오목한 경우에는 효용극대화 1계조건을 충족했다고 하더라도 효용극대화가 달성될 수 없다. 이렇게 원점에 대하여 오목한 무차별곡선의 경우 효용극대화는 내부해가 아니라 모서리해 또는 코너해에서 달성된다.

2) 2계조건

① 2계조건은 무차별곡선의 형태와 밀접한 관련이 있는데 무차별곡선이 원점에 대하여 볼록한 경우에는 효용극대화 2계조건을 충족한다.

② 그런데 무차별곡선이 원점에 대하여 볼록하더라도 상당히 가파르거나 완만하여 예산선과 비교할 때 동일한 기울기를 갖지 못하는 경우에는 모서리해를 갖게 된다. 이는 무차별곡선이 직선인 경우와 유사하게 한계대체율 $(\dfrac{MU_X}{MU_Y})$ = 상대가격 $(\dfrac{P_X}{P_Y})$ 이라는 1계 필요조건이 충족되지 않는다.

ISSUE 03 소비자 최적선택의 도출과 예외

1 모형 설정

$U = U(X, Y)$

$P_X X + P_Y Y = M$

$Max\ U$

2 균형

1) 한계대체율($\frac{MU_X}{MU_Y}$) = 상대가격($\frac{P_X}{P_Y}$) --------- ①

2) $P_X \cdot X + P_Y \cdot Y = M$ --------------- ②

3 균형의 해석

1) X재에 대한 주관적 가치($\frac{MU_X}{MU_Y}$) = X재에 대한 객관적 가격($\frac{P_X}{P_Y}$)

2) X재 구입 1원의 한계효용($\frac{MU_X}{P_X}$) = Y재 구입 1원의 한계효용($\frac{MU_Y}{P_Y}$)

4 사례연습

1) Case 1

$U = XY$ -------------- ①

$1,000X + 500Y = 10,000$ ----- ②

$Max\ U$ --------------- ③

2) Case 2

$$U = XY \quad ——————————— ①$$

$$1,000X + 500Y = 20,000 \quad ————— ②$$

$$Max\ U \quad ——————————— ③$$

3) Case 3

$$U = XY \quad ——————————— ①$$

$$500X + 500Y = 10,000 \quad —————— ②$$

$$Max\ U \quad ——————————— ③$$

5 예외적인 소비자 균형(1계 필요조건 달성 ×)

1) 무차별곡선이 직선인 경우 : 완전대체

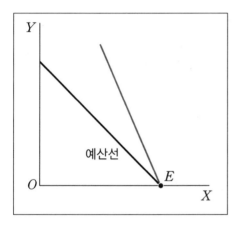

2) 무차별곡선이 L자형인 경우 : 완전보완

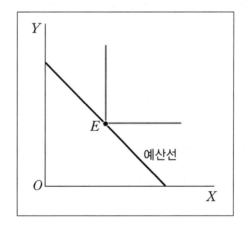

3) 효용극대화 1계 필요조건이 만족되었다고 해서 반드시 효용극대화가 달성되는 것은 아니며 경우에 따라서는 효용극소화가 될 수도 있음. 무차별곡선이 원점에 대해 오목한 경우에는 효용극대화 1계 필요조건을 충족하더라도 효용극대화를 달성할 수 없음. 이 경우 효용극대화는 내부해가 아니라 모서리해(코너해)에서 달성되므로 주의할 것

4) 한계대체율 ($\frac{MU_X}{MU_Y}$) = 상대가격 ($\frac{P_X}{P_Y}$) 이라는 1계 필요조건이 충족되지 않는 이유는 무차별곡선의 기울기가 항상 일정하여 예산선의 기울기와 비교했을 때, 그 둘이 같은 소비점이 존재하지 않기 때문이거나 무차별곡선의 기울기가 0이나 무한대로서 극단적인 값을 갖거나 아예 존재하지 않는 경우에 해당

ISSUE 04 소비자 최적선택의 변화

1 예산선의 변화와 이동

1) $P_X\,X + P_Y\,Y = M$, 단, P_X, P_Y, M은 상수

2) 기울기와 상대가격 : $\therefore -\dfrac{\Delta Y}{\Delta X} = \dfrac{P_X}{P_Y}$

3) 예산선의 변화와 이동

① 소득의 변화 : 평행이동

② 재화가격의 변화 : 회전이동

③ 소득과 재화가격이 동시에 같은 비율로 변할 경우 예산선 불변(수요함수 0차 동차성)

2 소득소비곡선(ICC)과 엥겔곡선(EC)

1) 소득변화에 따른 새로운 소비자 최적선택점(균형점)을 연결한 곡선

2) 엥겔곡선(EC_X)은 소득변화에 따른 새로운 최적소비선택점 중에서 특정상품의 소비량만을 소득과 대응시켜 연결한 곡선(소득과 특정상품 소비량 간의 관계)

3 가격소비곡선(PCC)과 수요곡선(DC)

1) 가격변화에 따른 새로운 소비자 최적선택점(균형점)을 연결한 곡선

2) 수요곡선(DC_X)은 가격변화에 따른 새로운 최적소비선택점 중에서 특정상품의 소비량만을 가격과 대응시켜 연결한 곡선(가격과 특정상품 소비량 간의 관계)

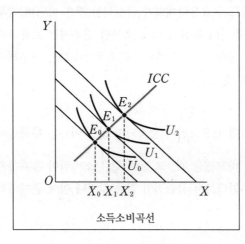

소득소비곡선

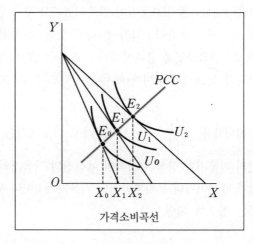

가격소비곡선

ISSUE 05 가격효과

1 가격효과

1) 대체효과 : 지출극소화의 원리

X재 가격 하락

$\rightarrow$ 상대가격 변화 $\rightarrow$ $\begin{cases} X\text{재 상대적으로 싸짐} \rightarrow X\text{재 소비량 증가 } (X_0 \rightarrow X_1) \\ Y\text{재 상대적으로 비싸짐} \rightarrow Y\text{재 소비량 감소 } (Y_0 \rightarrow Y_1) \end{cases}$

2) 소득효과 : 지출극소화에 의해 절감한 지출액(실질소득의 증가)을 소비에 활용하여 효용을 증진시킴

X재 가격 하락 $\rightarrow$ 실질소득 변화 $\rightarrow$ $\begin{cases} X\text{재 소비량 증가 } (X_1 \rightarrow X_2) \\ Y\text{재 소비량 증가 } (Y_1 \rightarrow Y_2) \end{cases}$

3) 대체효과가 0인 경우

① 가격효과 = 소득효과
② 보상수요곡선은 수직선
③ 소득소비곡선은 가격소비곡선
④ 예 완전보완 효용함수

4) 소득효과가 0인 경우

① 가격효과 = 대체효과
② 보상수요곡선은 보통수요곡선
③ 소득소비곡선은 수직선
④ 예 준선형 효용함수

2 정상재

1) 수요법칙의 성립 : 가격하락 시 수요량 증가 → 가격효과 음(−)

2) 대체효과 : 가격하락 시 대체효과에 의하여 수요량 증가 → 대체효과 음(−)

3) 소득효과 : 가격하락에 따른 실질소득 증가 시 소득효과에 의해 수요량 증가(소득탄력성 양수)
→ 가격변화에 따른 소득효과 음(−), 소득변화에 따른 소득효과 양(+)

4) 대체효과와 소득효과는 동일방향

3 열등재

1) **수요법칙의 성립** : 가격하락 시 수요량 증가 → 가격효과 음(–)

2) **대체효과** : 가격하락 시 대체효과에 의하여 수요량 증가 → 대체효과 음(–)

3) **소득효과** : 가격하락에 따른 실질소득 증가 시 소득효과에 의해 수요량 감소(소득탄력성 음수)
   → 가격변화에 따른 소득효과 양(+), 소득변화에 따른 소득효과 음(–)

4) **대체효과와 소득효과는 반대방향**

5) **대체효과에 의한 수요량 증가가 소득효과에 의한 수요량 감소보다 더 크다.**

4 기펜재

1) **수요법칙의 예외** : 가격하락 시 수요량 감소 → 가격효과 양(+)

2) **대체효과** : 가격하락 시 대체효과에 의하여 수요량 증가 → 대체효과 음(–)

3) **소득효과** : 가격하락에 따른 실질소득 증가 시 소득효과에 의해 수요량 감소(소득탄력성 음수,
   기펜재도 열등재의 일종임)
   → 가격변화에 따른 소득효과 양(+), 소득변화에 따른 소득효과 음(–)

4) **대체효과와 소득효과는 반대방향**

5) **소득효과에 의한 수요량 감소가 대체효과에 의한 수요량 증가보다 더 크다.**

5 "보상"의 의미와 "보상"수요곡선

1) 보상

가격이 하락하는 경우, 소득을 덜어내어 실질소득(효용)을 가격변화 이전의 수준으로 유지하도록 하는 것, 반대로 가격이 상승하는 경우, 소득을 더해주어 실질소득(효용)을 가격변화 이전의 수준으로 유지하도록 하는 것

2) 보상수요곡선

가격이 변화하는 경우, 실질소득이 변화 없는 상태에서 구한 수요곡선으로서 이는 실질소득 변화 없이 순수하게 가격변화에 의해서 초래되는 수요량 변화를 나타내는 수요곡선

3) 슬러츠키 보상수요곡선과 슬러츠키 방정식

실질소득을 효용 측면이 아니라 소비 측면에서 파악하여 가격변화 이전의 수준, 즉 소비수준을 유지하도록 하는 슬러츠키 보상에 따라 도출한 보상수요곡선이 슬러츠키 보상수요곡선

4) 슬러츠키 방정식

슬러츠키 보상을 사용하여 가격효과를 대체효과와 소득효과의 합으로 수학적 분해

6 보상변화와 동등변화

1) 보상변화

소비자 효용을 가격변화가 일어나기 이전의 수준으로 되돌리기 위하여 필요한 소득의 변화

2) 동등변화(대등변화)

소비자 효용을 가격변화가 일어난 이후의 수준으로 만들기 위하여 필요한 소득의 변화

3) 공통점

만일 보상변화와 동등변화를 부호와 상관없이 절댓값으로만 파악할 경우, 이 둘은 가격변화에 따른 소비자 후생변화를 구체적인 화폐단위 혹은 실물단위로 측정한다는 점에서 유사

7 간접효용함수와 지출함수

1) 간접효용함수

주어진 소득과 가격 수준에서 최대한 달성 가능한 효용의 수준을 나타내는 함수로 소득과 가격의 함수(통상수요함수를 직접효용함수에 대입하여 도출)

2) 지출함수

주어진 가격하에서 소비자의 지출극소화 과정을 통해서 최소한의 지출수준을 알려주는 함수로 재화의 가격이 주어졌을 때 특정한 효용수준을 달성하기 위해서 필요한 최소한의 지출액을 제시, 간접효용함수와 쌍대관계

ISSUE 06 여가 – 소득 선택모형

1 여가 – 소득선택 모형

$$\begin{cases} U = U(l, M) \text{ -------- ①} \\ \overline{W}\, l + M = 24\,\overline{W} \text{ ------ ②} \quad \text{균형 : 한계대체율 = 임금 } \overline{W} \\ Max\ U \text{ ----------- ③} \end{cases}$$

2 임금상승의 효과

1) 임금 $\overline{W}$ 상승 시 노동공급이 증가하는 경우(대체효과 > 소득효과)

① 대체효과 $E_0 \rightarrow E_1$: 여가가격 상승 $\overline{W} \rightarrow W'$, 여가소비 감소

② 소득효과 $E_1 \rightarrow E_2$: 실질소득 증가, 여가소비 증가

③ 총효과 $E_0 \rightarrow E_2$(대체효과 > 소득효과) 여가소비 감소, 노동공급 증가

④ 정상재의 경우 대체효과와 소득효과는 동일방향이나, 정상재 여가의 경우 반대방향

2) 임금 $\overline{W}$ 상승 시 노동공급이 감소하는 경우(대체효과 < 소득효과)

① 대체효과 $E_0 \rightarrow E_1$: 여가가격 상승 $\overline{W} \rightarrow W'$, 여가소비 감소

② 소득효과 $E_1 \rightarrow E_2$: 실질소득 증가, 여가소비 많이 증가

③ 총효과 $E_0 \rightarrow E_2$(대체효과 < 소득효과) 여가소비 증가, 노동공급 감소

④ 정상재의 경우 대체효과와 소득효과는 동일방향이나, 정상재 여가의 경우 반대방향

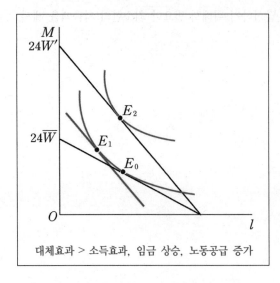

대체효과 > 소득효과, 임금 상승, 노동공급 증가

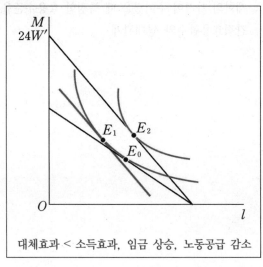

대체효과 < 소득효과, 임금 상승, 노동공급 감소

ISSUE 07 시점 간 소비선택 모형

1 시점 간 소비선택 모형

$$\begin{cases} U = U(C_1, C_2) \text{ ------- } ① \\ C_1 + \dfrac{C_2}{1+r} = Y_1 + \dfrac{Y_2}{1+r} \text{ --- } ② \\ Max \ U \text{ ------------ } ③ \end{cases}$$

균형 : 한계대체율$(\dfrac{MU_{C_1}}{MU_{C_2}})$ = 상대가격$(1+r)$

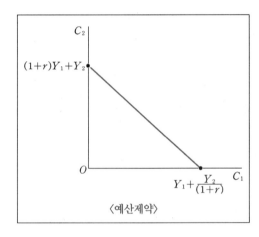

〈예산제약〉

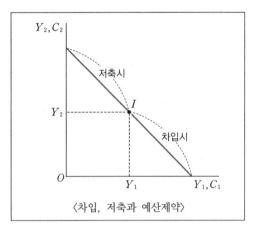

〈차입, 저축과 예산제약〉

2 이자율 상승의 효과 : 미래소비 가격하락$(\dfrac{1}{1+r} \rightarrow \dfrac{1}{1+r'})$, 현재소비 상대가격 상승

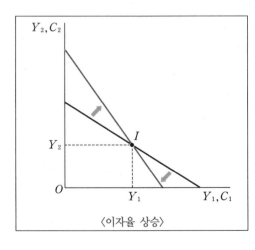

〈이자율 상승〉

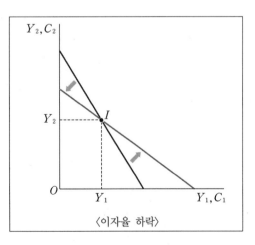

〈이자율 하락〉

1) 이자율 상승 시$(r \rightarrow r')$: 저축이 증가하는 경우(대체효과 > 소득효과)

① 대체효과 : 현재소비 상대가격 상승, 현재소비 감소

② 소득효과 : 저축자 소득증가, 현재소비 증가

③ 총효과(대체효과 > 소득효과) : 현재소비 감소, 저축 증가

④ 정상재의 대체효과와 소득효과는 동일방향이나, 정상재 현재소비의 경우 반대방향

2) 이자율 상승 시$(r \rightarrow r')$: 저축이 감소하는 경우(대체효과 < 소득효과)

① 대체효과 : 현재소비 상대가격 상승, 현재소비 감소

② 소득효과 : 저축자 소득증가, 현재소비 증가

③ 총효과(대체효과 < 소득효과) : 현재소비 증가, 저축 감소

④ 정상재의 대체효과와 소득효과는 동일방향이나, 정상재 현재소비의 경우 반대방향

3) 따라서 이자율 상승 시 현재소비와 저축의 방향은 불확실하며, 미래소비는 확실히 증가

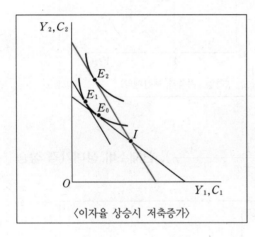

〈이자율 상승시 저축증가〉

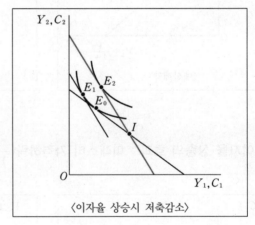

〈이자율 상승시 저축감소〉

ISSUE 08 사회복지제도

1 현금보조 vs 현물보조

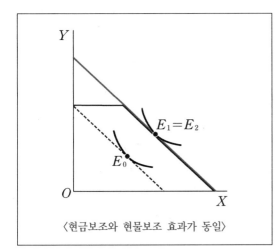

〈현금보조와 현물보조 효과가 동일〉

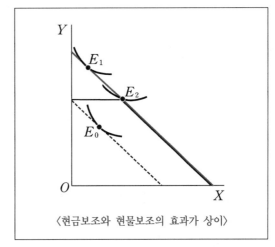

〈현금보조와 현물보조의 효과가 상이〉

구분	현금보조	현물보조
효용변화	동일	
타깃재화소비	동일	
보조금예산	동일	

구분	현금보조	현물보조
효용변화	우월	
타깃재화소비		우월
보조금예산	동일	

1) 최초 소비상태가 E_0인 경우 현금보조를 받게 되면 예산선이 평행하게 확장 이동하게 되어 결국 현금보조 이후의 소비상태는 E_1(위의 왼쪽, 오른쪽 그래프)이 됨

2) 현금보조는 타깃재화 소비증진이라는 정책목표 측면에서 볼 때는 현물보조에 비해 바람직하지 않을 수 있음

3) 왜냐하면 현물보조가 대신 이루어졌다면 그때 소비상태는 E_2로서 오른쪽 그래프에서 현금보조에 비해 현물보조의 경우 타깃재화 소비가 많이 증진될 수 있기 때문임

4) 하지만 현물보조는 소비자 효용증진이라는 측면에서 볼 때는 현금보조에 비해 바람직하지 않음

5) 왜냐하면 현물보조 시의 소비자 효용보다는 현금보조 시의 소비자 효용이 더 높기 때문임. 위의 오른쪽 그래프에서 E_2를 지나는 무차별곡선(현물보조 시 효용)이 E_1을 지나는 무차별곡선(현금보조 시 효용)보다 좌하방에 위치하는 것을 보면 쉽게 알 수 있음

6) 따라서 E_2를 지나는 무차별곡선(현물보조 시 효용)에 접하면서 동일한 기울기를 가진 예산선을 그려보면 예산선간의 격차는 보조받은 현물의 재판매 가격 인하분임

2 현금보조 vs 가격보조

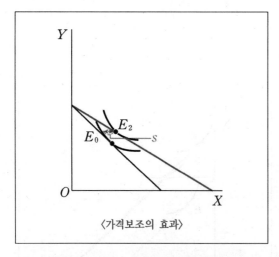

〈가격보조의 효과〉

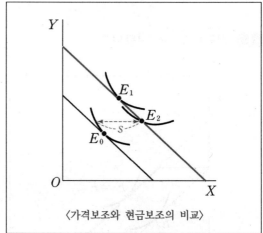

〈가격보조와 현금보조의 비교〉

구분	현금보조	가격보조
효용변화	우월	
타깃재화소비		우월
보조금예산	동일	

1) 최초 소비상태가 E_0인 경우 가격보조를 받게 되면 예산선이 회전이동하게 되어 결국 현금보조 이후의 소비상태는 E_2(위의 왼쪽, 오른쪽 그래프)가 됨

2) 가격보조는 소비자 효용증진이라는 측면에서 볼 때는 현금보조에 비해 바람직하지 않음

3) 왜냐하면 동일한 예산을 사용한다고 가정할 경우, 가격보조 시의 소비자 효용보다는 현금보조 시의 소비자 효용이 더 높기 때문임. 이는 위의 오른쪽 그래프에서 E_2를 지나는 무차별곡선(가격보조 시 효용)이 E_1을 지나는 무차별곡선(현금보조 시 효용)보다 좌하방에 위치하는 것을 보면 알 수 있음

4) 그러나 현금보조는 타깃재화 소비증진이라는 정책목표 측면에서 볼 때는 가격보조에 비해 바람직하지 않을 수 있음

5) 왜냐하면 오른쪽 그래프에서 가격보조 후의 소비상태는 E_2로서 현금보조 후의 소비상태인 E_1에 비해 가격보조의 경우 타깃재화 소비가 많이 증진될 수 있기 때문임

ISSUE 09 현시선호이론

1 직접현시선호

1) 의의

가격 $P_0(P_X^o, P_Y^o)$ 하에서 상품묶음 $Q_0(X_0, Y_0)$, $Q_1(X_1, Y_1)$ 2개 모두 선택가능할 때, 소비자가 Q_0를 선택하였다면 Q_0는 Q_1보다 직접현시선호되었다고 한다.

2) 기하적 분석

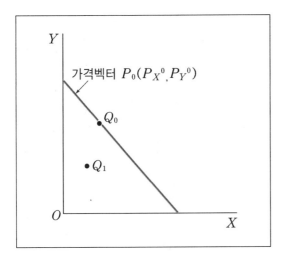

2 간접현시선호

가격 P_0 하에서 Q_0가 Q_1보다 직접현시선호되었고, 가격 P_1 하에서 Q_1이 Q_2보다 직접현시선호되었다면 Q_0는 Q_2보다 간접현시선호되었다고 한다.

3 직접현시선호와 약공리

1) 약공리

가격 $P_0(P_X^o, P_Y^o)$에서 상품묶음 $Q_0(X_0, Y_0)$, $Q_1(X_1, Y_1)$ 모두 선택가능할 때, Q_0를 선택하였다면, 즉 Q_0가 Q_1보다 직접현시선호되었다면 Q_1이 Q_0보다 직접현시선호될 수 없다.

2) 기하적 분석

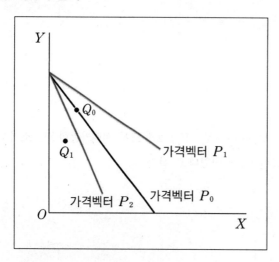

3) 의미

현시선호의 약공리는 상품묶음 $Q_0(X_0, Y_0)$, $Q_1(X_1, Y_1)$ 모두 선택가능할 때, 소비자가 Q_0를 선택하였다면 Q_0를 여전히 선택할 수 있는 한 Q_1을 선택해서는 안 된다는 의미로서 소비행위의 일관성을 나타낸다. 다만, 상황의 변화에 의해서 Q_0를 선택할 수 없다면 그때는 Q_1를 선택할 수 있다.

4 간접현시선호와 강공리

1) 의의

가격 P_0 하에서 Q_0가 Q_1보다 직접현시선호되었고, 가격 P_1 하에서 Q_1이 Q_2보다 직접현시선호되었다면 즉 Q_0는 Q_2보다 간접현시선호되었다면, Q_2는 Q_0보다 간접현시선호될 수 없다.

2) 의미

현시선호의 강공리는 Q_0가 Q_1보다 직접현시선호되었고 Q_1이 Q_2보다 직접현시선호되었다면, Q_1이 Q_0보다 직접현시선호될 수 없고, Q_2가 Q_1보다 직접현시선호될 수 없으므로 Q_2가 Q_0보다 간접현시선호될 수 없다는 의미로서 소비행위의 이행성을 나타낸다.

5 현시선호의 약공리와 강공리의 관계

강공리가 성립하면 약공리는 자동적으로 성립한다. 즉 강공리는 좁은 개념, 약공리는 넓은 개념으로 볼 수 있다.

ISSUE 10 위험에 대한 태도

1 위험에 대한 태도

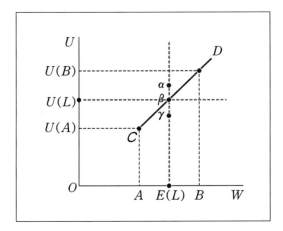

1) α점 : $U[E(L)] > U(L)$: 위험 기피적(복권 전 효용 > 공정한 복권의 효용) → 구입 ×

2) β점 : $U[E(L)] = U(L)$: 위험 중립적(복권 전 효용 = 공정한 복권의 효용) → 무차별

3) γ점 : $U[E(L)] < U(L)$: 위험 애호적(복권 전 효용 < 공정한 복권의 효용) → 구입 ○

2 위험에 대한 태도와 효용함수

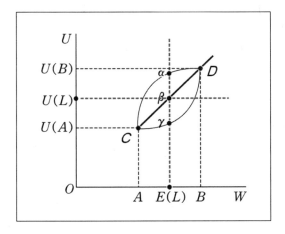

1) α점 통과하는 효용곡선 $C\alpha D$ ⌢ : 위험 기피적

2) β점 통과하는 효용곡선 $C\beta D$ / : 위험 중립적

3) γ점 통과하는 효용곡선 $C\gamma D$ ⌣ : 위험 애호적

ISSUE 11 | 복권과 위험프리미엄

1 모형설정

불확실성하에서의 기대효용모형은 다음과 같다.

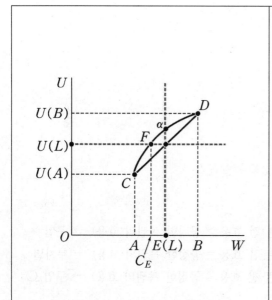

1) 기대효용함수

불확실한 상황 A, B를 내포하는 조건부상품 L에 대한 효용은 다음과 같이 폰노이만–모겐스턴 효용함수로 구할 수 있다.

A라는 특정상황(결과)에 대한 효용 $U(A)$과 B라는 특정상황(결과)에 대한 효용 $U(B)$를 가중평균한 함수로서
$U(L) = P\ U(A) + (1-P)\ U(B)$가 된다.

2) 조건부상품의 기댓값

$$E(L) = P \cdot A + (1-P) \cdot B$$

3) 위험에 대한 태도

$\Rightarrow U(L)$과 $U[E(L)]$의 비교

2 확실대등액과 위험프리미엄

1) 확실대등액 C_E(확실성등가)

① 위험으로부터 예상되는 기대효용 $U(L)$과 동일한 효용을 가져다주는 확실한 금액 C_E

② 불확실한 복권(L)을 효용으로 나타내면 $U(L)$이고, 금전으로 계량화하면 C_E

③ $U(L) = U(C_E)$

2) 위험프리미엄 $RP = E(L) - C_E$

① 불확실한 자산(복권)과 확실한 자산(현금) 간의 교환을 위한 대가

② 최초 자산 W_0는 확실한 금액이며 공정한 복권이라면 $W_0 = E(L)$

③ $U(W_0) = U(E(L))$

④ 불확실한 자산인 복권 (L)의 효용은 $U(L)$

⑤ 불확실한 자산의 효용 $U(L)$ = 확실한 자산의 효용 $U(C_E) < U(W_0) = U(E(L))$

⑥ 따라서 최초 확실한 자산 W_0의 효용이 복권의 효용 $U(L)$보다 크므로 복권 구입은 발생하지 않는다(위험기피자의 경우).

⑦ 이 경우 확실한 자산 W_0의 효용과 복권의 효용 $U(L)$의 차이에 해당하는 만큼이 보조되어야 하며 이는 $W_0 = E(L)$과 C_E 간의 차이가 된다.

ISSUE 12 공정보험료와 최대보험료

1 모형설정

불확실성하에서의 기대효용모형은 다음과 같다.

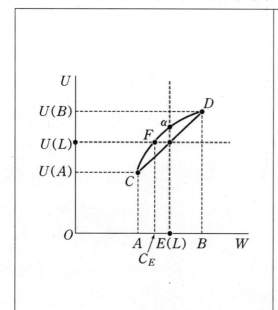

1) 기대효용함수

불확실한 상황 A, B를 내포하는 조건부상품 L에 대한 효용은 다음과 같이 폰노이만-모겐스턴 효용함수로 구할 수 있다.

A라는 특정상황(결과)에 대한 효용 $U(A)$과 B라는 특정상황(결과)에 대한 효용 $U(B)$를 가중평균한 함수로서

$U(L) = P\,U(A) + (1-P)\,U(B)$가 된다.

2) 조건부상품의 기댓값

$$E(L) = P \cdot A + (1-P) \cdot B$$

3) 위험에 대한 태도

$\Rightarrow U(L)$과 $U[E(L)]$의 비교

2 위험프리미엄과 보험료 간의 차이

1) 위험프리미엄은 보험가입 전 불확실한 상황(L)으로부터의 위험을 회피하기 위하여 지불하는 금액으로 이 경우 위험을 회피할 경우 $U(L)$의 효용 달성이 가능하다.

2) 보험료는 보험가입 전 불확실한 상황(L)으로부터의 위험을 회피하기 위하여 지불하는 금액으로 이 경우 보험사를 통한 위험회피가 가능해진다.

① 보험 가입으로 인하여 $U(L)$보다 더 큰 효용인 $U(B)$의 달성이 가능하다.

② 보험 가입으로 인하여 $E(L)$보다 더 큰 자산인 B의 달성이 가능하다.

3 최대보험료

$B - C_E$

보험 가입 후 기대되는 효용 $U(B)$과 보험 가입 전 기대되는 효용 $U(L)$의 차이
 → 금액으로 계량화 (B)　　　　　　 → 금액으로 계량화 (C_E)

4 공정보험료

$B - E(L)$

보험 가입 후 기대되는 자산·소득과 보험 가입 전 기대되는 자산·소득의 차이
 → 금액으로 계량화 (B)　　　　 → 금액으로 계량화 $(E(L))$

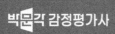

CHAPTER

04

생산이론

04 생산이론

ISSUE 01 생산함수의 성격

1 생산함수

1) 등량곡선의 성질

① 생산자의 기술체계를 반영한다.

② 우하향한다.

③ 서로 다른 등량곡선은 교차하지 않는다.

④ 원점에서 멀리 떨어질수록 많은 생산량을 의미한다.

⑤ 원점에 대하여 볼록하다.

2) 등량곡선의 기울기 : $-\dfrac{\Delta K}{\Delta L}$

$$\Delta L \Leftrightarrow -\Delta K \quad \therefore \ \Delta L \cdot MP_L = -\Delta K \cdot MP_K$$

$$\therefore \ -\frac{\Delta K}{\Delta L} = \frac{MP_L}{MP_K} \ \Rightarrow \ MRTS_{L,K}(\text{한계기술대체율})$$

$\Rightarrow$ 노동 1단위의, 자본으로 표시한, 실물, 주관적 가격

3) 다양한 등량곡선

① CD 생산함수

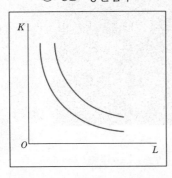

$$Q = AL^{\alpha}K^{\beta}$$

② 선형 생산함수

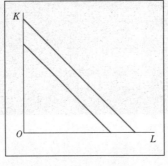

$$Q = \frac{L}{a} + \frac{K}{b}$$

③ 레온티에프 생산함수

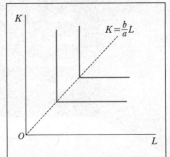

$$Q = Min\left\{\frac{L}{a}, \frac{K}{b}\right\}$$

2 규모에 대한 수익

1) 의의

모든 생산요소의 투입을 일정한 비율로 변화시킬 때 그에 따른 생산량의 변화를 규모에 대한 수익이라고 한다.

2) 규모에 대한 수익 불변(CRS)

① 의의 : 모든 생산요소의 투입량을 j배 증가시킬 때 생산량도 j배 증가하는 경우

② 수리적 분석 : $Q = f(L, K)$, $f(jL, jK) = j \cdot f(L, K)$

③ 기하적 분석 : 등량곡선 간격이 일정

3) 규모에 대한 수익 체증(IRS)

① 의의 : 모든 생산요소의 투입을 j배 증가시켰을 때 생산량은 j배 초과 증가하는 경우

② 수리적 분석 : $Q = f(L, K)$, $f(jL, jK) > j \cdot f(L, K)$

③ 기하적 분석 : 등량곡선 간격이 좁아짐

4) 규모에 대한 수익 체감(DRS)

① 의의 : 모든 생산요소의 투입을 j배 증가시킬 때 생산량은 j배 미만 증가하는 경우

② 수리적 분석 : $Q = f(L, K)$, $f(jL, jK) < j \cdot f(L, K)$

③ 기하적 분석 : 등량곡선 간격이 넓어짐

3 동차함수와 규모에 대한 수익

1) 동차함수

$Q = f(L, K)$, $j^{\alpha} f(L, K) = f(jL, jK)$ α차 동차 생산함수

2) 규모에 대한 수익

$IRS : f(jL, jK) > j \cdot f(L, K)$
$CRS : f(jL, jK) = j \cdot f(L, K)$
$DRS : f(jL, jK) < j \cdot f(L, K)$

3) 동차함수와 규모에 대한 수익 간 관계

① $\alpha > 1 \Rightarrow IRS$

② $\alpha = 1 \Rightarrow CRS$

③ $\alpha < 1 \Rightarrow DRS$

ISSUE 02 비용함수의 성격

1 비용과 기술체계

1) 생산과 기술체계

2) 생산과 비용의 쌍대성(duality)

① $P = MC$

② $w = P\,MP_L$

③ $MC\,MP_L = w = AVC\,AP_L$

3) 비용함수의 개형

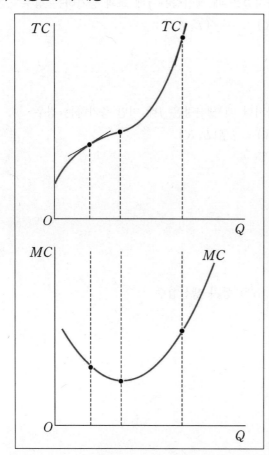

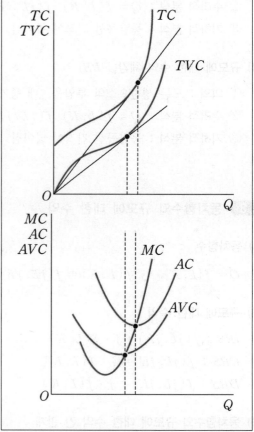

2 평균비용과 한계비용

1) 평균가변비용, 평균비용의 최저점을 한계비용곡선이 통과한다.
2) 평균가변비용의 최저점은 평균비용의 최저점보다 좌측에 위치한다.
3) 평균비용과 평균가변비용의 간격은 생산량이 커짐에 따라서 감소한다.
4) 평균비용이 증가하면, 한계비용은 평균비용보다 크다.
5) 평균비용이 최소가 되는 점보다 생산량을 증가시키는 경우 한계비용이 평균비용보다 높다.
6) 평균비용이 최소가 되는 점에서 한계비용곡선은 평균비용곡선을 아래에서 위로 교차한다.
7) 낮은 생산수준에서 평균비용의 감소추세는 주로 급격한 평균고정비용의 감소에 기인한다.
8) 평균비용이 나중에 상승하는 이유는 한계생산체감에 따라 평균가변비용의 증가에 기인한다.
9) 한계비용이 평균비용보다 낮을 때에는 평균비용곡선이 음의 기울기를 갖는다.
10) 평균비용곡선과 한계비용곡선이 서로 교차하는 점에서 평균비용은 최소이다.

3 고정비용과 매몰비용

1) 고정비용은 고정투입요소에 대한 비용(예 공장부지, 기계 임차에 따른 비용)이다.
2) 고정비용은 회수가능한 비용과 회수불가능한 비용(매몰비용)으로 구성된다.
3) 회수불가능한 매몰비용은 기회비용이 0이라는 것을 의미한다.
4) 따라서 기회비용이 0이므로 의사결정과정에서 고려해서는 안 된다.
5) 모든 고정비용이 매몰비용인 것은 아니다. 재판매가 가능한 생산시설에 소요된 비용의 경우, 고정비용으로서 일부는 회수가능한 비용이 된다. 따라서 고정비용이면서 회수불가능한 매몰비용인 경우도 있고 회수가능한 비용인 경우도 있다.

4 손익분기점과 생산중단점

1) 손익분기점
① 평균비용곡선의 최저점
② 이윤 = 0

2) 생산중단점
① 평균가변비용곡선의 최저점
② 생산자잉여 = 0

ISSUE 03 생산자 최적선택(생산극대화 & 비용극소화)과 예외

1 의의

주어진 비용 제약하에서 생산량을 극대화한 상태(생산자균형)

2 수리적 분석

$$\underset{L,K}{Max}\ Q = Q(L,K)$$
$$s.t.\ wL + rK = C$$

3 기하적 분석

비용선과 등량곡선이 접하는 $E_0(L_0, K_0)$에서 생산자균형 달성

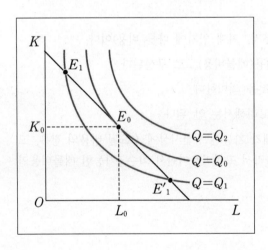

4 수리적 분석과 기하적 분석의 동시 활용

1) 등량곡선의 기울기 = 비용선의 기울기

→ 한계기술대체율($\frac{MP_L}{MP_K}$) = 요소상대가격 $\frac{w}{r}$ --- ①

2) 균형은 비용선상에서 달성

→ $wL + rK = C$ --------------------- ②

5 예외적인 생산자 균형(1계 필요조건 달성 ×)

1) 등량곡선이 직선인 경우 : 완전대체요소에서의 선택

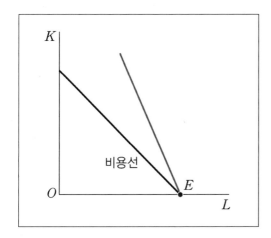

2) 등량곡선이 L자형인 경우 : 완전보완요소에서의 선택

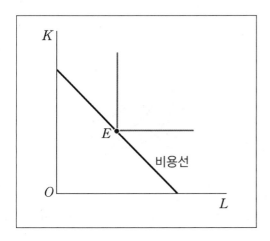

6 다공장기업의 비용극소화

각 공장에서의 한계비용이 일치하도록 투입 및 생산

ISSUE 04 생산자 최적선택의 변화

1 비용제약선과 생산제약선의 이동

1) 생산극대화와 비용제약선의 이동

① $C = wL + rK$, 단, w, r은 상수

② 사용가능한 자금규모의 변화에 따라서 비용제약선이 이동

2) 비용극소화와 생산제약선의 이동

① $Q = Q(L, K)$

② 달성해야 하는 산출량의 변화에 따라서 생산제약선이 이동

2 확장경로

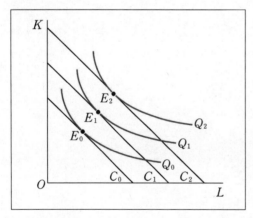
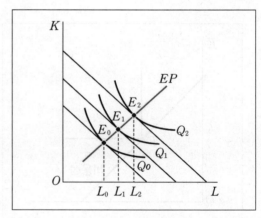

투입예산변화 또는 산출량의 변화에 따른 새로운 생산자 최적선택점(균형점)을 연결한 곡선을 확장
경로(EP)라고 함

3 확장경로의 특징

1) 생산함수가 동차함수일 경우

원점에서부터 출발하는 방사선 위에서 등량곡선의 기울기가 같아지게 되며 확장경로는 원점에서
출발하는 방사선 그 자체가 됨

2) 생산함수가 CD생산함수인 경우

요소상대가격이 불변임을 가정하면, 생산수준이 변화하더라도 비용극소화를 달성시키는 노동-자본의 비율은 불변으로서 확장경로는 원점을 통과함

4 확장경로의 유형

1) 정상투입요소(노동, 자본)

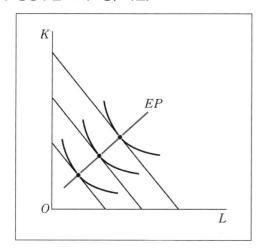

2) 열등투입요소(노동)

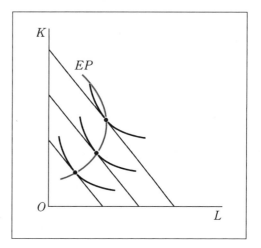

산출량이 증가함에 따라서 노동과 자본의 투입량도 증가하는 것이 일반적이며, 이때 생산요소를 정상투입요소라고 하며, 산출량이 일정 수준 이상으로 증가하게 되면 특정 생산요소의 투입이 오히려 감소할 수도 있는데, 이때 감소하는 생산요소를 열등투입요소라고 함

5 요소가격의 변화

1) 요소가격이 변화함에 따라서 이에 대응하는 새로운 요소투입점들을 찾더라도 요소수요곡선을 도출할 수는 없음

2) 왜냐하면 요소에 대한 수요는 상품수요에 따라서 변화하는 이른바 파생수요이기 때문에 요소수요를 찾기 위해서는 요소가격의 변화뿐만 아니라 변화하는 상품수요에 대응하는 생산량까지 고려해야 하기 때문임

ISSUE 05 규모의 경제와 범위의 경제

1 규모의 경제와 규모의 비경제

1) **규모의 경제** : 생산량이 증가함에 따라 장기 평균 비용이 하락하는 현상

2) **규모의 비경제** : 생산량이 증가함에 따라 장기 평균 비용이 상승하는 현상

3) **구별** : 장기평균비용곡선 – 중략 – 우측은 규모의 비경제

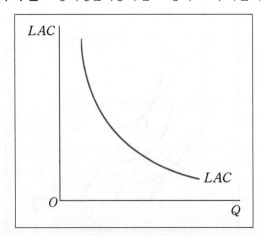 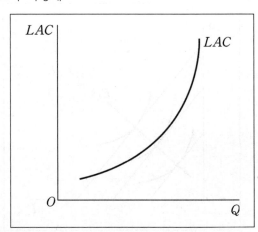

4) **규모 수익 체증과 규모의 경제(요소가격 일정 시)**

① 규모 수익 체증 → 규모의 경제 : 성립

② 규모 수익 체증 ← 규모의 경제 : 불성립

③ 규모 수익 체증 ⇔ 규모의 경제 : 생산함수가 동차함수인 경우 둘은 일치

2 범위의 경제

1) **의의**

한 기업이 여러 가지 상품을 동시에 생산하는 체제가 각각의 기업이 하나의 상품만 별도로 생산하는 체제보다 생산비용이 저렴한 경우를 의미

2) **수리적 분석**

$$C(X, Y) < C_X(X) + C_Y(Y),$$

$C(X, Y)$: X, Y 동시 생산 시 비용, $C_X(X)$: X만 생산 시 비용, $C_Y(Y)$: Y만 생산 시 비용

ISSUE 06 대체탄력성

1 도입

요소가격이 변화할 때 그에 따라서 최적의 노동투입량과 자본투입량이 얼마나 민감하게 반응하는지
나타내는 척도

2 개념

요소상대가격이 1% 변화할 때 자본노동비율(요소집약도)이 몇 % 변화하는지 나타냄

$$대체탄력성\ \sigma = \frac{요소집약도의\ 변화율}{요소상대가격의\ 변화율} = \frac{d(\frac{K}{L})/(\frac{K}{L})}{d(\frac{w}{r})/(\frac{w}{r})}$$

3 요소가격의 변화와 대체의 정도

1) L 자에 가까운 등량곡선의 경우

요소상대가격 변화 시 요소집약도의 변화가 작고 노동-자본 간 대체가 어렵다.

2) 선형에 가까운 등량곡선의 경우

요소상대가격 변화 시 요소집약도의 변화가 크고 노동-자본 간 대체가 쉽다.

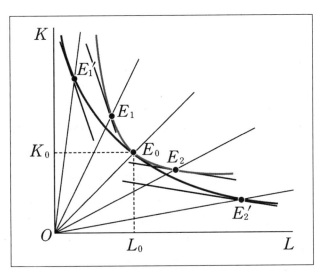

※ 생산함수가 $Q = AL^{\alpha}K^{\beta}$인 CD 생산함수는 대체탄력성이 1

ISSUE 07 이윤 및 이윤극대화

1 이윤의 의의

1) 이윤 = 수입 − 비용

2) 상품을 팔고 얻은 총수입(TR)에서 상품을 만드는 데 투입된 총비용(TC)을 뺀 것이다.

2 이윤의 종류

1) 회계적 이윤 = 총수입 − 회계적 비용 = 총수입 − 명시적 비용

2) 경제적 이윤 = 총수입 − 경제적 비용 = 총수입 − (명시적 비용 + 암묵적 비용)

3 이윤극대화

1) 의의

주어진 시장제약 및 기술제약하에서 이윤을 극대화한 상태를 말한다.

2) 수리적 분석

$$Max \ \pi = P \cdot Q - C(Q)$$
$$s.t. \ P = \overline{P}$$

$$\frac{d\pi}{dQ} = \overline{P} - C'(Q) = 0$$

$$\therefore \ \overline{P} = C'(Q)$$
$$MR = MC$$

3) 2계조건의 경우, 한계비용곡선이 한계수입곡선을 아래에서부터 위로 통과하면서 교차할 때 달성된다.

ⓒ 생산이 증분적으로(incrementally) 이루어지는 경우의 이윤극대화는 주의해야 한다.

ISSUE 08 생산과 비용의 쌍대성

1 비용

1) 비용은 노동비용과 자본비용으로 구성

2) $C = wL + rK$ (단, w는 노동임금, r은 자본임대료, K는 자본투입량, L은 노동투입량)

2 생산함수

1) $Q = Q(L, K)$를 L에 대하여 풀어서 역함수 형태로 변형

2) $L = L(Q, K)$

3 비용함수의 도출

1) 1.2) 비용식에 2.2) 생산함수의 변형식을 대입하여 비용함수 도출

2) $C = L(Q, K) + rK$

4 쌍대성 사례 연습

1) 비용

① $C = wL + rK$ (단, w는 노동임금, r은 자본임대료, K는 자본투입량, L은 노동투입량)

② 임금 10, 자본임대료 20, 자본 2,000단위로 주어진 경우

$C = wL + rK = 10L + 20 \times 20{,}000 = 10L + 400{,}000$

2) 생산함수

① 생산함수가 $Q = \dfrac{1}{2{,}000} KL^{\frac{1}{2}}$ 로 주어진 경우 자본 2,000단위를 대입하여 생산함수를 다시

쓰면 $Q = \dfrac{1}{2{,}000} KL^{\frac{1}{2}} = \dfrac{1}{2{,}000} \times 2{,}000 L^{\frac{1}{2}} = \sqrt{L}$

② 생산함수식을 변형하면 $Q^2 = L$

3) 비용함수의 도출

1) ② $C = 10L + 400{,}000$ 에 2) ② $Q^2 = L$을 대입

2) 비용함수 $C = 10L + 400{,}000 = 10Q^2 + 400{,}000$ 도출

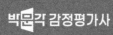 박문각 감정평가사

CHAPTER

05

생산물시장이론

생산물시장이론

경쟁기업의 단기균형

1 경쟁기업의 단기균형

1) 이윤 $\pi = TR - TC$

2) 총수입 $TR = PQ = \overline{P}Q$(개별기업이 직면하는 수요곡선 $P = \overline{P}$)

3) 총비용 $TC = C(Q)$

4) 이윤극대화 $Max\ \pi = TR - TC = \overline{P}Q - C(Q)$ ∴ $\dfrac{dTR}{dQ} - \dfrac{dTC}{dQ} = 0$ ∴ $\overline{P} = C'(Q)$

2 경쟁기업의 단기공급 곡선

1) 주어진 시장가격 $\overline{P}$에 대하여 개별기업은 $\overline{P} = MC$ 인 Q^*를 공급, 따라서 $SC \Leftrightarrow MC$

2) SC 는 생산중단점(AVC 최저점) 이후의 MC

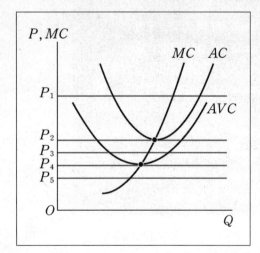

① $P = P_1$, $\boxed{P} > \boxed{AC} > \boxed{AVC}$, $TR > TC > TVC$ ∴ $TR - TC > 0$

∴ $\pi > 0$, 초과이윤

② $P = P_2$, $\boxed{P} = \boxed{AC} > \boxed{AVC}$, $TR = TC > TVC$ ∴ $TR = TC$

∴ $\pi = 0$, 정상이윤

③ $P = P_3$, $\boxed{AC} > \boxed{P} > \boxed{AVC}$, $TC > TR > TVC$ ∴ $TR - TC < 0$

∴ $\pi < 0$, 손실

$0 > TR - TC$(생산 시 이윤) $> -TFC$(중단 시 이윤) ∴ 생산을 지속

④ $P = P_4$, $\boxed{AC} > \boxed{P} = \boxed{AVC}$, $TC > TR = TVC$ ∴ $TR - TC < 0$

∴ $\pi < 0$, 손실

$0 > TR - TC$(생산 시 이윤) $= -TFC$(중단 시 이윤) ∴ 생산 또는 중단

⑤ $P = P_5$, $\boxed{AC} > \boxed{AVC} > \boxed{P}$, $TC > TVC > TR$ ∴ $TR - TC < 0$

∴ $\pi < 0$, 손실

$0 > -TFC$(중단 시 이윤) $> TR - TC$(생산 시 이윤) ∴ 생산을 중단

3) 고정비용이 전부 회수가능비용일 경우에는 생산중단 시 이윤은 0이 된다.
이때 생산중단점은 평균비용곡선의 최저점이 되는데 이를 증명하면 다음과 같다.

$TR - TC$(생산 시 이윤) > 0(중단 시 이윤) ∴ 생산을 지속

$TR - TC$(생산 시 이윤) $= 0$(중단 시 이윤) ∴ 생산 또는 중단

0(중단 시 이윤) $> TR - TC$(생산 시 이윤) ∴ 생산을 중단

따라서 위의 산식에 의하면, '$TR - TC$(생산 시 이윤) $= 0$(중단 시 이윤)'이 생산중단점이 된다.

이는 '$\boxed{P} - \boxed{AC} = 0$'임을 의미한다. 즉, 가격이 평균비용과 일치하는 점이며 이는 한계비용과 평균비용이 일치하며, 평균비용의 최저점이 된다.

3 경쟁시장의 단기공급곡선

1) 도출방법

시장공급곡선은 개별공급곡선을 수평합하여 도출한다.

2) 시장공급곡선의 기울기

시장공급곡선은 개별공급곡선보다 더 완만하다.

ISSUE 02 경쟁기업의 장기균형

1 경쟁기업의 장기균형

1) 의의 : 장기조정과정이 완료됨과 동시에 주어진 가격수준하에서 이윤극대화 산출

2) 기하적 분석

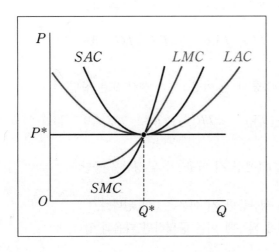

3) 특징 : $P = LMC = LAC = SMC = SAC$

2 경쟁기업의 장기공급곡선 : 장기한계비용곡선

1) 완전경쟁시장의 특징

① 다수의 수요자와 공급자 : 누구도 가격에 영향을 줄 수 없다(가격수용자).
② 완전한 정보 : 거래와 관련된 모든 경제적, 기술적 정보를 갖추고 있다.
③ 동질적 상품 : 소비자는 자기와 거래하는 공급자가 누구인지 신경쓰지 않는다.
④ 진입, 퇴출 자유 : 장기적으로 진입장벽·퇴출장벽 없음, 매몰비용 없다.

2) 완전경쟁시장의 장·단기

① 장기 : 기업이 시장에 진입, 이탈하는 것이 자유롭다.
② 단기 : 기업이 시장에 진입, 이탈하는 데에 제한이 있다.

ISSUE 03 독점시장의 균형

1 독점기업의 단기균형

1) 이윤 $\pi = TR - TC$

2) 총수입 $TR = PQ = P(Q)\,Q$(독점기업이 직면하는 수요곡선 $P = P(Q)$)

3) 총비용 $TC = C(Q)$

4) 이윤극대화 $\underset{Q}{Max}\ \pi = TR - TC = P(Q)\,Q - C(Q)$ $\therefore\ \dfrac{dTR}{dQ} - \dfrac{dTC}{dQ} = 0$

$\therefore\ MR = C'(Q)$

2 독점기업의 단기균형의 특징

1) $P > MR = MC$(가격은 한계비용보다 크다)

2) 가격설정자(독점기업은 공급곡선 없음)

3) $MR > 0$인 **탄력적인 구간에서 균형 달성**

4) 독점기업도 손실 가능(수요곡선이 평균비용보다 하방위치)

5) 자중손실 발생(하버거의 삼각형 면적 계산)

3 독점기업의 장기균형과 특징

1) 시설규모 조정 가능

① 단기에서는 시설규모의 조정이 불가능

② 장기에서는 보다 적절한 시설규모를 선택하여 단기보다 더 큰 이윤 달성가능

2) 이탈 가능

① 계속 손실을 보는 경우 이탈

② 장기에 남아있는 독점기업은 최소한 0 이상의 이윤 획득

ISSUE 04 독점시장 기타이슈

1 독점도

1) 의의

독점시장의 자원배분이 경쟁시장에 비하여 어느 정도 괴리되어 있는지를 나타내어 주는 지수로서 독점가격과 한계비용의 차이를 독점가격으로 나눈 값이다.

2) 독점도의 종류

① 러너의 독점도 $\dfrac{P-MC}{P}$ ② 힉스의 독점도 $\dfrac{1}{\epsilon_P}$

2 Amoroso-Robinson 공식

1) 의의 : 독점의 한계수입, 가격, 탄력성 간의 관계식을 의미한다.

2) 산식 : $MR = P(1 - \dfrac{1}{e})$, e : 가격탄력성

3 독점기업의 총수입극대화

1) 총수입 $TR = PQ = P(Q)Q$(독점기업이 직면하는 수요곡선 $P = P(Q)$)

2) 총수입극대화 $\underset{Q}{Max}\, \pi = TR = P(Q)Q$ $\therefore \dfrac{dTR}{dQ} = 0$ $\therefore MR = 0$

4 독점에 대한 규제

1) 가격규제

① 한계비용가격설정   ② 평균비용가격결정   ③ 이중가격설정

2) 국유화

3) 경쟁체제로 전환

4) 조세규제

① 종량세 : $MC \Rightarrow MC_T = MC + T$

② 이윤세 : $MC \Rightarrow MC_T = MC$

ISSUE 05 가격차별

1 1급 가격차별

상품 수요량을 극단적으로 세분화하여, 다른 가격을 설정하는 방식

2 2급 가격차별

상품수요량을 구간별로 분리하여, 다른 가격 설정

3 3급 가격차별

1) **의의** : 수요자를 그룹별로 분리하여, 다른 가격 설정

2) **조건**

　① 소비자 : 그룹별 분리 가능(가격탄력성, 분리비용 고려)

　② 생산자 : 독점력 보유

　③ 소비자 그룹 간 전매(재판매) 불가능

3) **기하적 분석**

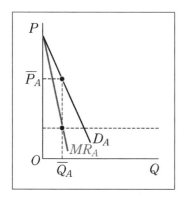 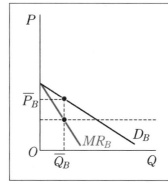 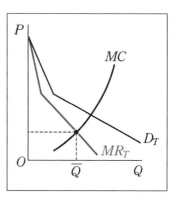

4) **수리적 분석**

　① $MR_T = MC$ (이윤극대화 전체 산출량 결정)

　② $MR_A = MR_B$ (각 시장마다 다른 가격으로 할당, 판매)

　③ $P_A (1 - \dfrac{1}{\epsilon_A}) = P_B (1 - \dfrac{1}{\epsilon_B})$ (탄력적일수록 낮은 가격 설정)

ISSUE 06 이부가격

1 의의

1) 독점기업이 독점이윤을 증가시킬 목적으로 1개의 가격이 아니라 2개의 가격을 부과하는 것

2) 가입비(entry fee), 사용료(usage fee)

2 사례

1) 골프장 : 회원권 + 이용료

2) 놀이공원 : 입장료 + 놀이기구 이용료

3) 프린터 : 기기 본체 + 토너카트리지

4) 이동통신서비스 : 기본요금 + 추가 사용료

3 기하적 분석

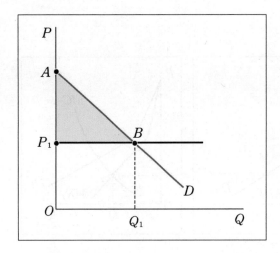

1) 가입비 $\triangle AP_1B$

① 경쟁시장균형에서의 소비자잉여의 크기에 해당

② 만일 가입비를 내야 한다면 최대한 낼 용의가 있는 금액이며, 그만큼이 가입비로 부과

2) 가격 P_1 : 경쟁시장균형에서의 시장가격

ISSUE 07 다공장독점

1 의의

독점 생산자가 하나 이상의 여러 개 공장에서 상품을 생산

2 특징

1) 비용조건 상이

공장 간 상이한 비용조건을 의사결정 시 고려

2) 카르텔모형과 유사

① 다공장 독점 : 여러 개의 공장 – 하나의 독점기업
② 카르텔 : 여러 개의 참가기업 – 전체 카르텔

3 기하적 분석

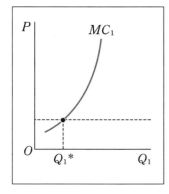 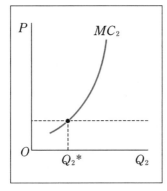 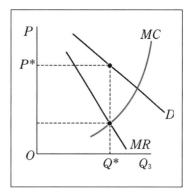

4 수리적 분석

1) $MC_T = MR$ (이윤극대화 전체 산출량 결정)

2) $MC_1 = MC_2$ (각 공장에 생산량 할당)

ISSUE 08 꾸르노 모형

1 꾸르노 모형의 가정

1) 2개 기업   **2) 동질적인 재화**   **3) 산출량 경쟁 전략**

4) 상대방의 생산량이 고정된 것으로 보고 이를 추종하여 자신의 최적 산출량을 결정

2 꾸르노 모형의 특징

1) 추종자 – 추종자 모형

2) 추측된 변화 = 0 즉, $CV_Q^1 = \dfrac{\Delta Q_2}{\Delta Q_1} = 0$, $CV_Q^2 = \dfrac{\Delta Q_1}{\Delta Q_2} = 0$

3 꾸르노 모형의 균형

1) 모형의 조건

   ① 수요조건 : 시장수요 $Q = 24 - P$

   ② 공급조건(비용조건) : 기업 1의 한계비용 $MC_1 = 8$, 기업 2의 한계비용 $MC_2 = 4$

2) 수리적 분석 : 이윤극대화 과정

   ① 기업 1의 이윤극대화

     i) 한계수입 $TR_1 = P \cdot Q_1 = (24 - Q_1 - Q_2) Q_1$ $\therefore MR_1 = 24 - 2Q_1 - Q_2$

     ii) 한계비용 $MC_1 = 8$

     iii) 이윤극대화 $Max\ \pi_1 \Leftrightarrow MR_1 = MC_1$

        $\therefore 24 - 2Q_1 - Q_2 = 8$

        $\therefore 2Q_1 + Q_2 = 16$ → 반응곡선 RC_1

   ② 기업 2의 이윤극대화

     i) 한계수입 $TR_2 = P \cdot Q_2 = (24 - Q_1 - Q_2) Q_2$ $\therefore MR_2 = 24 - Q_1 - 2Q_2$

     ii) 한계비용 $MC_2 = 4$

     iii) 이윤극대화 $Max\ \pi_2 \Leftrightarrow MR_2 = MC_2$

        $\therefore 24 - Q_1 - 2Q_2 = 4$

        $\therefore Q_1 + 2Q_2 = 20$ → 반응곡선 RC_2

3) 균형 : $Q_1 = 4$, $Q_2 = 8$ (각 기업의 시장점유율과 한계비용 간에 역의 관계)

4) 균형의 성격 : 꾸르노 균형은 게임이론적 관점에서 내쉬균형의 성격

ISSUE **09** 베르뜨랑 모형

1 베르뜨랑 모형의 가정

1) 2개 기업 **2) 차별적인 재화** **3) 가격 경쟁 전략**

4) 상대방의 가격이 고정된 것으로 보고 이를 추종하여 자신의 최적 가격을 결정

2 베르뜨랑 모형의 특징

1) 추종자 – 추종자 모형

2) 추측된 변화 = 0

즉, $CV_P^1 = \dfrac{\Delta P_2}{\Delta P_1} = 0$, $CV_P^2 = \dfrac{\Delta P_1}{\Delta P_2} = 0$

3 베르뜨랑 모형의 균형

1) 모형의 조건

① 수요조건 : 기업 1의 수요 $Q_1 = 20 - P_1 + P_2$, 기업 2의 수요 $Q_2 = 32 - P_2 + P_1$

② 비용조건 : 기업 1의 한계비용 $MC_1 = 0$, 기업 2의 한계비용 $MC_2 = 0$

2) 수리적 분석 : 이윤극대화 과정

① 기업 1의 이윤극대화

  i) 총수입 $TR_1 = P_1 \cdot Q_1 = P_1(20 - P_1 + P_2)$

  ii) 총비용 TC_1

  iii) 이윤극대화 $Max\ \pi_1$, $\pi_1 = P_1 \cdot Q_1 - TC_1 = P_1(20 - P_1 + P_2) - TC_1$

  $\therefore \dfrac{d\pi_1}{dP_1} = 20 - 2P_1 + P_2 = 0$ $\therefore 2P_1 - P_2 = 20$ → 반응곡선 RC_1

② 기업 2의 이윤극대화

  i) 총수입 $TR_2 = P_2 \cdot Q_2 = P_2(32 - P_2 + P_1)$

  ii) 총비용 TC_2

  iii) 이윤극대화 $Max\ \pi_2$, $\pi_2 = P_2 \cdot Q_2 - TC_2 = P_2(32 - P_2 + P_1) - TC_2$

  $\therefore \dfrac{d\pi_2}{dP_2} = 32 - 2P_2 + P_1 = 0$ $\therefore 2P_2 - P_1 = 32$ → 반응곡선 RC_2

3) 균형 : $P_1 = 24$, $P_2 = 28$

4) 균형의 성격 : 베르뜨랑 균형은 게임이론적 관점에서 내쉬균형의 성격

ISSUE 10 슈타켈버그 모형(슈타켈버그 수량모형)

1 슈타켈버그 모형의 가정과 특징

1) 2개 기업   **2) 동질적인 재화**   **3) 산출량 경쟁 전략**   **4) 선도자 – 추종자 모형**

5) 선도기업의 산출량이 결정된 후에 이를 관찰한 후 다른 기업의 최적 산출량 결정

2 슈타켈버그 모형의 균형

1) 모형의 조건

① 수요조건 : 시장수요 $Q = 24 - P$

② 공급조건(비용조건) : 기업 1의 한계비용 $MC_1 = 8$, 기업 2의 한계비용 $MC_2 = 4$

2) 수리적 분석 : 이윤극대화 과정

① 기업 1의 이윤극대화

　ⅰ) 한계수입 $TR_1 = P \cdot Q_1 = (24 - Q_1 - Q_2)Q_1$ 　 $\therefore MR_1 = 24 - 2Q_1 - Q_2$

　ⅱ) 한계비용 $MC_1 = 8$

　ⅲ) 이윤극대화 $Max\ \pi_1 \Leftrightarrow MR_1 = MC_1$

　　　$\therefore 24 - 2Q_1 - Q_2 = 8$ 　 $\therefore 2Q_1 + Q_2 = 16$ 　 → 반응곡선 RC_1

② 기업 2의 이윤극대화

　ⅰ) 한계수입 $TR_2 = P \cdot Q_2 = (24 - Q_1 - Q_2)Q_2$ 　 $\therefore MR_2 = 24 - Q_1 - 2Q_2$

　ⅱ) 한계비용 $MC_2 = 4$

　ⅲ) 이윤극대화 $Max\ \pi_2 \Leftrightarrow MR_2 = MC_2$

　　　$\therefore 24 - Q_1 - 2Q_2 = 4$ 　 $\therefore Q_1 + 2Q_2 = 20$ 　 → 반응곡선 RC_2

③ 기업 2가 선도자인 경우 슈타켈버그 모형에서 기업 2의 변형된 이윤극대화

　ⅰ) 한계수입 $TR_2 = P \cdot Q_2 = (24 - 8 + 0.5Q_2 - Q_2)Q_2 = 16Q_2 - 0.5Q_2^2$

　　　$\therefore MR_2 = 16 - Q_2$

　ⅱ) 한계비용 $MC_2 = 4$

　ⅲ) 이윤극대화 $Max\ \pi_2 \Leftrightarrow MR_2 = MC_2$

　　　$\therefore 16 - Q_2 = 4$

　　　$\therefore Q_2 = 12$, 그리고 이를 기업 1의 반응곡선에 대입하면 $Q_1 = 2$가 된다.

3) 균형의 성격 : 슈타켈버그 균형은 게임이론적 관점에서 부속게임완전균형의 성격

ISSUE 11 차별적 가격선도 모형(슈타켈버그 가격모형)

1 차별적 가격선도 모형의 가정과 특징

1) 2개 기업　　2) 차별적인 재화　　3) 가격 경쟁 전략　　4) 선도자-추종자 모형

5) 선도기업의 가격이 결정된 후에 이를 관찰한 후 다른 기업의 최적 가격 결정

2 차별적 가격선도 모형의 균형 : 기업 2가 선도자인 경우(cf 기업 1이 선도자인 경우)

1) 모형의 조건

① 수요조건 : 기업 1의 수요 $Q_1 = 20 - P_1 + P_2$, 기업 2의 수요 $Q_2 = 32 - P_2 + P_1$

② 비용조건 : 기업 1의 한계비용 $MC_1 = 0$, 기업 2의 한계비용 $MC_2 = 0$

2) 수리적 분석 : 이윤극대화 과정

① 기업 1의 이윤극대화

　i) 총수입 $TR_1 = P_1 \cdot Q_1 = P_1(20 - P_1 + P_2)$

　ii) 총비용 $TC_1 = 0$

　iii) 이윤극대화 $Max\ \pi_1$, $\pi_1 = P_1 \cdot Q_1 = P_1(20 - P_1 + P_2)$

　　　$\therefore \dfrac{d\pi_1}{dP_1} = 20 - 2P_1 + P_2 = 0$　$\therefore 2P_1 - P_2 = 20$　$\rightarrow$ 반응곡선 RC_1

② 기업 2의 이윤극대화

　i) 총수입 $TR_2 = P_2 \cdot Q_2 = P_2(32 - P_2 + P_1)$

　ii) 총비용 $TC_1 = 0$

　iii) 이윤극대화 $Max\ \pi_2$, $\pi_2 = P_2 \cdot Q_2 = P_2(32 - P_2 + P_1)$

　　　$\therefore \dfrac{d\pi_2}{dP_2} = 32 - 2P_2 + P_1 = 0$　$\therefore 2P_2 - P_1 = 32$　$\rightarrow$ 반응곡선 RC_2

③ 기업 2가 선도자인 경우 차별적 가격선도 모형에서 기업 2의 변형된 이윤극대화

　i) 총수입 $TR_2 = P_2 \cdot Q_2 = P_2(32 - P_2 + 0.5P_2 + 10)$

　ii) 총비용 $TC_1 = 0$

　iii) 이윤극대화 $Max\ \pi_2$, $\pi_2 = P_2 \cdot Q_2 = P_2(42 - 0.5P_2)$

　　　$\therefore \dfrac{d\pi_2}{dP_2} = 42 - P_2 = 0$　$\therefore P_2 = 42$

3) 균형 : $P_1 = 31$, $P_2 = 42$

ISSUE 12 굴절수요곡선 모형

1 의의

P.Sweezy에 의하면 과점시장에서 담합이 없더라도 가격이 안정적일 수 있는데 이는 수요곡선에 굴절이 있기 때문에 가격경직성이 나타나는 것이며 이를 굴절수요곡선 모형이라고 한다.

2 특징

1) 추측된 변화의 비대칭성

① 가격인하 시 추측된 변화 = 1, $CV = \dfrac{\Delta P_2}{\Delta P_1} = 1, \ \Delta P_1 < 0$

한 기업이 가격을 인하하면 다른 기업도 그에 맞춰서 같이 가격을 인하하여 대응함

② 가격인상 시 추측된 변화 = 0, $CV = \dfrac{\Delta P_2}{\Delta P_1} = 0, \ \Delta P_1 > 0$

한 기업이 가격을 인상하면 다른 기업은 가격을 변경하지 않고 그대로 유지함

2) 수요곡선의 굴절

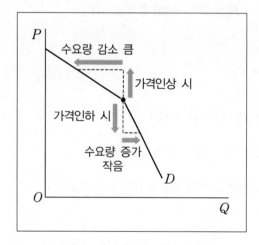

① 현재 가격을 P_A 수준이라고 하면, P_A 보다 높이 가격을 인상할 경우에는 다른 경쟁기업들은 가격을 인상하지 않고 그대로 유지할 것이므로 가격을 인상한 기업은 수요감소의 폭이 상당히 크게 되어 수요곡선은 완만해짐(탄력적)

② P_A 보다 낮게 가격을 인하할 경우에는 다른 경쟁기업들도 따라서 가격을 인하하기 때문에 가격을 인하한 기업으로서는 수요증가의 폭이 상당히 제한되어 수요곡선은 가파르게 됨(비탄력적)

③ 결국 추측된 변화의 비대칭성을 고려하게 되면 P_A 수준에서 수요곡선은 굴절됨

3 균형

1) 한계수입곡선의 불연속

굴절수요곡선이라는 상황을 반영하게 되면 아래의 그래프와 같이 불연속적인 한계수입곡선이 나타나게 된다.

2) 이윤극대화 의사결정

① 이윤극대화 의사결정은 한계비용의 변화(MC_0, MC_1, MC_2)에도 불구하고 여전히 A 에서 달성되는 것으로 나타남

② 즉 한계비용이 변화하더라도 이 기업은 동일한 산출량 수준을 유지하고 역시 가격도 동일하게 경직적으로 유지하는 것이 최선이므로 가격은 P_A 수준에서 경직성을 보임

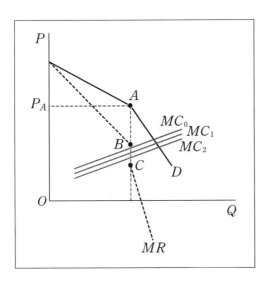

4 한계

1) 수요곡선에 실제로 굴절이 존재하는지에 대한 실증연구상 입증이 어려움

2) 굴절수요곡선의 특징과 달리 현실에서는 한 기업이 가격을 올리면 다른 기업들도 따라서 같이 가격을 동조적으로 올리는 경우가 매우 흔함

3) 수요곡선에 최초로 굴절이 일어나는 가격수준의 결정에 대한 이론적 기초가 결여

ISSUE 13 독점적 경쟁시장

1 의의

경쟁시장과 독점시장의 중간적 형태로서 두 시장의 특징을 모두 가진 시장

2 특징

1) 독점의 특징

① 시장 내의 기업들은 조금씩 차별화된 상품을 생산
② 개별기업은 어느 정도의 독점력 보유(개별기업이 직면하는 수요곡선은 우하향)

2) 경쟁의 특징

① 시장 내 기업의 수는 상당히 크다(서로 눈치보지 않는 상황이 조성).
② 신규기업이 진입 및 기존기업의 이탈이 자유롭다(장기적으로 초과이윤 = 0).

3 단기균형

1) 이윤극대화는 $MR = MC$에서 달성되며, 가격은 한계비용보다 높은 수준이다.

2) 독점기업의 단기균형과 매우 유사하다.

3) 균형하에서 독점적 경쟁기업은 초과이윤을 얻을 수도, 손실을 볼 수도 있다.

4 장기균형

1) 장기의 의미

① 장기는 새로운 기업이 진입할 수 있는 정도의 기간
② 만일 독점기업이 초과이윤을 얻고 있다면, 신규기업들은 진입을 시도
③ 신규기업의 진입으로 인해 기존기업의 수요는 감소
④ 신규기업의 진입은 시장 내 기업들이 더 이상 초과이윤을 얻지 못할 때까지 계속되며, 초과이윤이 0일 때 진입은 더 이상 발생하지 않는다.

2) 이윤극대화는 $MR = LMC$ 에서 달성되며 가격은 한계비용보다 높은 수준이다.

3) 장기 초과이윤 = 0이 된다.

4) 유휴시설의 존재

① $MR = LMC$인 상황에서 초과이윤이 0이 되는 지점은 수요곡선과 장기평균비용곡선이 접하는 곳이다.

② 이는 장기균형이 장기평균비용곡선의 최저점보다 왼쪽에서 발생함을 의미한다.

③ 장기균형상황에서 장기평균비용곡선의 최저점에서 생산되지 않고 그에 미달하는 생산이 더 높은 평균비용으로 생산되는 상황을 유휴시설이 존재한다고 지적하는 견해도 있다.

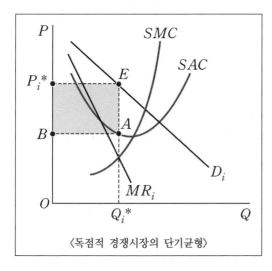

〈독점적 경쟁시장의 단기균형〉

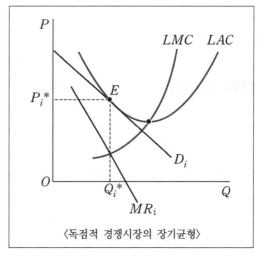

〈독점적 경쟁시장의 장기균형〉

ISSUE 14 우월전략균형과 내쉬균형

1 우월전략균형

1) 상대방이 어떤 전략을 선택하든지간에 나의 보수를 극대화시켜주는 전략이 우월전략

2) 각 경기자들의 우월전략의 짝이 우월전략균형

3) 특정게임 상황에서 우월전략은 존재할 수도 있고 존재하지 않을 수도 있다.

4) 만일 모든 경기자들이 우월전략을 가지고 있다면, 모든 경기자들은 당연히 우월전략을 선택할 것이며 자신의 보수를 극대화시켜주므로 바꾸지 않으려 할 것이다.

2 내쉬균형

1) 각 경기자가 상대방의 전략을 주어진 것으로 보고 자신에게 최적인 전략을 선택할 때, 이러한 최적전략이 내쉬균형전략

2) 최적전략인 내쉬균형전략의 짝이 내쉬균형

3) 내쉬균형은 우월전략균형보다 한층 더 약화된 균형의 개념이기 때문에 우월전략균형이 존재하지 않더라도 내쉬균형은 존재할 수도 있다.

4) 우월전략균형의 성격을 가지면 반드시 내쉬균형의 성격을 가진다.

5) 내쉬균형이 반드시 파레토효율적이지는 않다.

6) 내쉬균형은 복수로 존재할 수 있으며, 존재하지 않을 수도 있다.

3 게임의 균형을 구하는 방법

1) 균형

① 시장균형이란 시장에서 수요와 공급이 맞아떨어진 상태로서 수요자와 공급자가 모두 최적화된 자신의 상태에 만족하여 다른 교란요인이 발생하지 않는 한 자신의 행동을 수정하지 않고 현재의 상태에 머물려고 하는 것을 의미한다.

② 게임에서의 균형이란 게임의 참가한 각 경기자들이 선택한 자신들의 전략에 의해서 어떤 결과가 나타났을 때 모두 이에 만족하고 더 이상 자신의 전략을 수정하지 않고 현재의 상태에 머물려고 하는 것을 의미하며, 그때 각 경기자의 전략의 조합을 균형이라고 한다.

2) 우월전략균형의 도출

① 상대방이 어떤 전략을 선택하든지간에 나의 보수를 더 크게 만들어 주는 전략이 우월전략이 며 이를 구하기 위해서는 보수행렬표에서 상대방의 전략을 제외하고 자신의 전략만을 비교하 여 보수를 가장 극대화시키는 전략을 선택한다.

② 이제 반대로 상대방의 입장에서도 우월전략을 구해낸다.

③ 만일 모든 경기자들이 우월전략을 가지고 있다면 모든 경기자들은 당연히 우월전략을 선택할 것이며 이를 바꾸려 하지 않을 것이다.

④ 이렇게 구한 전략의 조합이 우월전략균형이 되는데, 이는 존재할 수도 있고 그렇지 않을 수도 있음에 유의해야 한다.

3) 내쉬균형의 도출

① 상대방이 어떤 전략을 선택하는 것을 주어진 것으로 보고, 이때 나의 보수 측면에서 최선의 전략이 내쉬균형전략이며 이를 구하기 위해서는 보수행렬표에서 상대방의 전략을 주어진 것 으로 보고 이에 대응한 자신의 전략에 따른 보수를 비교하여 보수를 더 크게 만들어 주는 최 선의 전략을 선택한다.

② 이제 반대로 위에서 선택된 내쉬균형전략이 상대방의 입장에서 주어진 것으로 보고 상대방의 내쉬균형전략을 구해낸다.

③ 만일 모든 경기자들이 선택한 자신들의 내쉬균형전략에 의해서 어떤 결과가 나타났을 때 모 두 이에 만족하고 더 이상 자신의 전략을 수정하지 않고 현재의 상태에 머물려고 한다면, 내 쉬균형이 성립한다.

④ 이렇게 구한 전략의 조합이 내쉬균형이 되는데, 이는 존재할 수도 있고 그렇지 않을 수도 있 음에 유의해야 한다.

4 용의자의 딜레마 게임

A \ B	용의자 B의 전략-부인	용의자 B의 전략-자백
용의자 A의 전략-부인	−2, −2	−7, −1
용의자 A의 전략-자백	−1, −7	−5, −5

1) 용의자 A, B 모두 우월전략은 "자백"이므로 우월전략균형은 〈자백, 자백〉

2) 우월전략균형은 내쉬균형의 성격

3) 용의자의 딜레마 게임 균형은 용의자들의 입장에서 바람직하지 못하다(파레토효율 아님).

ISSUE 15 순차게임

1 순차게임(sequential game)

한 경기자가 먼저 어떤 행동을 한 후에 다른 경기자가 이를 관찰한 후 자신의 행동을 취하는 경우의
게임상황

2 순차게임의 묘사 : 게임나무, 전개형 게임, 결정마디

$$
\text{신규기업 } A
\begin{cases}
\text{진입} \rightarrow \text{기존기업 } B
\begin{cases}
\text{높은 산출량} & (-4\text{억}, \ 7\text{억}) \\
\text{낮은 산출량} & (\ 8\text{억}, \ 9\text{억})
\end{cases} \\[2em]
\text{포기} \rightarrow \text{기존기업 } B
\begin{cases}
\text{높은 산출량} & (\ 0, \ 15\text{억}) \\
\text{낮은 산출량} & (\ 0, \ 10\text{억})
\end{cases}
\end{cases}
$$

3 순차게임의 균형

1) 균형의 도출 : 역진귀납

2) 부속게임완전균형

 ① 기존기업의 입장에서

  ⅰ) 첫 번째 부속게임에서 기존기업의 최적전략은 낮은 산출량

  ⅱ) 두 번째 부속게임에서 기존기업의 최적전략은 높은 산출량

 ② 신규기업의 입장에서

  ⅰ) 기존기업의 낮은 산출량이 예상되는 경우 진입

  ⅱ) 기존기업의 높은 산출량이 예상되는 경우 포기

 ③ 그런데 신규기업은

  ⅰ) 기존기업의 낮은 산출량에서 진입하는 것이 최선

  ⅱ) 또한 기존기업이 높은 산출량 전략을 선택하는 것은 신빙성이 없음

 ④ 따라서 완전균형은 신규기업 진입, 기존기업 낮은 산출량

CHAPTER

06

생산요소시장이론

생산요소시장이론

생산요소시장 균형과 변화

1 의의

생산요소시장에서 생산요소수요와 생산요소공급이 일치하는 상태

2 요소시장의 균형

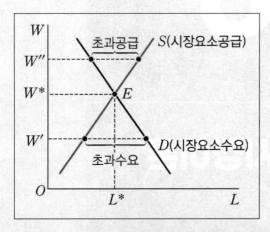

3 요소시장 균형의 변화

1) 요소수요가 변화하는 경우

① 요소수요에 영향을 주는 요인이 발생하여 요소수요가 변화
② 예를 들어 생산물시장에서 수요가 증가하여 가격이 상승하는 경우 요소수요가 증가
③ 요소수요곡선이 상방이동
④ 임금 상승, 요소고용량 증가
⑤ 단, 요소공급이 고정된 경우에는 요소수요가 증가하더라도 요소고용량은 불변
⑥ 한편, 요소가격의 상승은 생산물시장에서 공급을 감소시키는 연쇄반응

2) 요소공급이 변화하는 경우

① 요소공급에 영향을 주는 요인이 발생하여 요소공급이 변화
② 예를 들어 해외로부터 노동력이 유입되는 경우 요소공급이 증가
③ 요소공급곡선이 하방이동
④ 임금 하락, 요소고용량 증가
⑤ 한편, 요소가격의 하락은 생산물시장에서 생산비용을 감소시켜 공급을 증가시키는 연쇄반응

4 경제적 지대와 전용수입

1) 전용수입(transfer earnings)

생산요소가 전용되더라도, 즉 다른 곳에서 고용되더라도 받을 수 있는 수입인 기회비용을 의미함. 다른 곳에서 전용수입만큼 벌 수 있으므로 이곳에서도 최소한 그만큼은 보장되어야 현재 이곳의 고용상태에 머물도록 할 수 있음을 나타냄

2) 경제적 지대(economic rent)

전용수입을 초과한 보수로서 생산요소의 기회비용을 초과하여 추가적으로 지불되는 보수로서 생산요소의 공급이 가격에 대해 비탄력적이기 때문에 추가적으로 발생하는 요소소득의 성격을 가지게 되고 어떤 생산요소의 공급이 비탄력적일수록 그 요소의 수입 중에서 경제적 지대가 차지하는 비중이 커지게 되는 특징이 있음

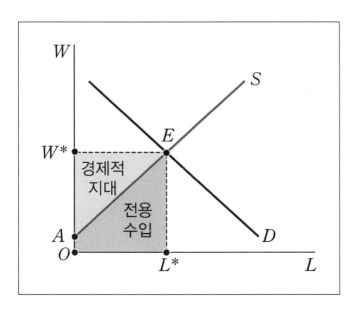

3) 준지대

기업의 판매수입 중에서 가변투입요소에 지급한 보수를 뺀 나머지로서 공급이 고정되어 있는 고정투입요소에 대한 보수를 의미함

※ 지대나 경제적 지대는 요소공급자 입장에서 수입이 되며 이는 요소수요자인 기업 입장에서는 비용이라고 할 수 있음. 특히 가변투입요소(노동)에 대하여 지불된 대가는 총가변비용이며 고정투입요소(자본)에 대하여 지불된 대가는 총고정비용이 됨. 이때, 고정투입요소에 대한 보수를 확장하여 기업의 판매수입 중 가변투입요소에 대한 보수를 차감한 나머지로 하면 준지대가 되며 이는 생산자잉여가 됨(총수입 − 총가변비용 = 총고정비용 + 이윤 = 생산자잉여)

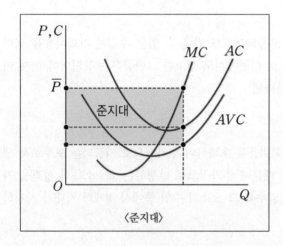

〈준지대〉

ISSUE 02 생산요소시장에서 기업의 이윤극대화

1 기업의 이윤

1) $\pi = TR - TC = TR(Q) - TC(Q)$

2) $\pi = TR - TC = PQ - C = PQ(L, \overline{K}) - (wL + r\overline{K})$

2 제약조건 : 시장제약

생산물시장	생산요소시장
/ \	/ \
수요 공급	수요 공급

① 경쟁 : $P = \overline{P}$ ① 경쟁 : $w = \overline{w}$, $r = \overline{r}$

② 독점 : $P = P(Q)$ ② 독점

3 최적선택 : 제약조건하 기업의 이윤극대화 $\begin{cases} \text{얼마나 생산할 것인가} \\ \text{얼마나 고용할 것인가} \end{cases}$

1) **수리적 분석** : 式 2개, 미지수 2개(π, L)의 최적화 문제

$$\begin{cases} \pi = P \cdot Q(L, \overline{K}) - (wL + r\overline{K}) \\ s.t. \ P = \overline{P}, \ w = \overline{w}, \ r = \overline{r} \\ Max \ \pi \end{cases}$$

$\dfrac{d\pi}{dL} = \dfrac{dTR}{dL} - \dfrac{dTC}{dL} = \overline{P} MP_L - \overline{w} = 0 \quad \therefore \overline{w} = \overline{P} MP_L$ (이로부터 노동수요함수가 도출된다)

2) **기하적 분석** : 한계생산물가치 = 요소수요곡선

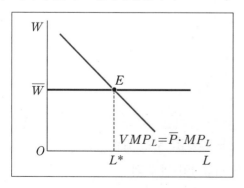

ISSUE 03 불완전경쟁과 생산요소시장

1 생산물시장 경쟁, 요소시장 경쟁

1) 노동수요 = 노동공급

2) $\overline{P} \cdot MP_L = W(L)$

2 생산물시장 독점

1) 균형조건식

① 노동수요 = 노동공급

② $MR \cdot MP_L = W(L)$

2) 균형 : 생산물시장이 완전경쟁인 경우와 비교하여 낮은 고용량, 낮은 임금

3 요소시장 공급독점

1) 균형조건식

① 노동공급의 한계수입 = 노동공급의 한계비용

② $\left[(\overline{P} \cdot MP_L) \cdot L \right]' = W(L)$

2) 균형 : 요소시장이 완전경쟁인 경우와 비교하여 낮은 고용량, 높은 임금

4 요소시장 수요독점

1) 균형조건식

① 노동수요의 한계비용 = 노동수요의 한계수입

② $\left[W(L) \cdot L \right]' = \overline{P} \cdot MP_L$

2) 균형 : 요소시장이 완전경쟁인 경우와 비교하여 낮은 고용량, 낮은 임금

   cf 요소 쌍방독점의 경우 요소공급자와 수요자 간 협상력에 의해 좌우

ISSUE 04 기능별 소득분배

1 의의

1) 기능별 소득분배

생산요소에 대한 보수를 소득으로 보고 노동, 자본 등 요소 간 보수의 분배를 기능별 소득분배라고 하며 각 요소에 대한 보수는 생산요소시장에서의 요소가격에 의하여 결정된다.

2) 계층별 소득분배

집단구성원의 소득을 크기에 따라서 순서대로 나열하여 상위계층부터 하위계층으로 구분하는 경우 상위계층과 하위계층의 계층 간, 집단 간 소득의 분배를 계층별 소득분배라고 한다.

2 한계생산성 이론

1) 기능별 소득분배와 한계생산성 이론

노동과 자본의 요소가격은 생산요소시장이 균형을 이루었을 때 결정되며, 이때 요소가격은 요소의 한계생산성에 해당하는 만큼으로 결정된다. 요소소득은 요소가격에 기반하여 결정되며 요소가격은 요소시장에서 한계생산성에 의해 결정된다는 이론을 한계생산성 이론이라고 한다.

2) 요소소득과 한계생산성 모형

① 생산요소투입 및 생산

$Q = Q(L, K)$

② 생산요소시장의 균형

ⅰ) $w = P \cdot MP_L$

ⅱ) $r = P \cdot MP_K$

③ 요소소득

ⅰ) 노동소득(임금소득) : $wL = P \cdot MP_L \cdot L$

ⅱ) 자본소득(이자소득) : $rK = P \cdot MP_K \cdot K$

④ 요소 간 소득분배

$$\frac{\text{노동소득}}{\text{자본소득}} = \frac{wL}{rK} = \frac{P \cdot MP_L}{P \cdot MP_K} \frac{L}{K} = \frac{MP_L}{MP_K} \frac{L}{K}$$

ISSUE 05 계층별 소득분배

1 십분위 분배율

1) 정의

$$D = \frac{\text{하위 } 40\% \text{가 점유하는 소득}}{\text{상위 } 20\% \text{가 점유하는 소득}}$$

2) 성질

① D가 클수록 소득분배가 균등

② D의 최댓값은 2, 최솟값은 0, 즉, $0 \leqq D \leqq 2$
    (완전균등)   (완전불균등)

2 로렌츠 곡선

1) 정의

소득 하위계층부터 시작하여 인구의 누적점유율과 그에 대응하는 소득의 누적점유율을 연결한 곡선(소득하위 인구의 $x\%$가 전체소득의 $y\%$를 점유)

2) 기하적 표현

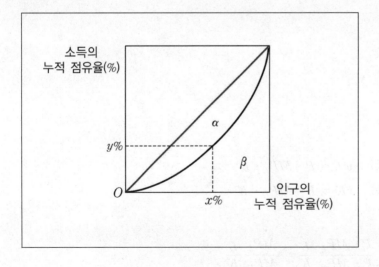

3) 성질

① 로렌츠 곡선은 증가함수

② 로렌츠 곡선은 기울기도 증가함수

③ 로렌츠 곡선이 대각선에 가까울수록 소득분배가 균등

④ 로렌츠 곡선은 교차가능하다.

⑤ 로렌츠 곡선이 서로 교차하는 경우 로렌츠 곡선이 대각선에 얼마나 근접하는지를 일관된 기준으로 평가할 수 없기 때문에 소득분배상태를 비교할 수 없다. 따라서 이때는 지니계수를 사용해야 한다.

3 지니계수

1) 정의

$$G = \frac{\text{로렌츠 곡선의 } \alpha \text{면적}}{\text{로렌츠 곡선의 } \alpha + \beta \text{면적}}$$

2) 성질

① G가 작을수록 소득분배가 균등

② G의 최댓값은 1, 최솟값은 0, 즉 $0 \leq G \leq 1$
  (완전불균등) (완전균등)

4 앳킨슨 지수

1) 정의

$$A = \frac{(\text{현재의 평균소득} - \text{균등분배 대등소득})}{\text{현재의 평균소득}}$$

2) 균등분배대등소득(Y_{EDE})

현재의 사회후생수준과 동일한 사회후생을 달성시키는 균등화된 평균소득

3) 성질

① A가 작을수록 소득분배가 균등

② A의 최댓값은 1, 최솟값은 0
  (완전불균등) (완전균등)
   ⇓   ⇓
  $Y_{EDE} = 0$ $Y_{EDE} = $ 평균소득

③ $0 \leq A \leq 1$

CHAPTER

07

시장균형과 효율 및 후생

시장균형과 효율 및 후생

ISSUE 01 | 소비의 파레토효율

1 소비의 파레토효율

1) 효용이 가장 증가된 상태

2) 더 이상 소비의 파레토 개선이 불가능한 상태

3) 다른 이에게 손해를 주지 않으면서 최소한 한 사람 이상이 효용을 증가시킬 수 있으면 파레토 개선이 가능

2 소비의 파레토효율 조건

1) **파레토 개선이 불가능** $MRS_{X,Y}^A = MRS_{X,Y}^B$

2) **초과수요 = 0**

① X재 : $\overline{X_A} + \overline{X_B} = \overline{X}$ ② Y재 : $\overline{Y_A} + \overline{Y_B} = \overline{Y}$

3 계약곡선과 효용가능곡선

1) **초기 부존점과 파레토효율** : 다양한 초기 부존점에 따라서 다양한 파레토효율 달성

2) **계약곡선** : 두 사람의 한계대체율이 서로 같게 되는 점들을 연결한 곡선

3) **효용가능곡선** : 계약 곡선상의 점에 대응하는 두 사람의 효용수준의 조합을 연결한 곡선

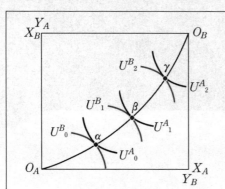
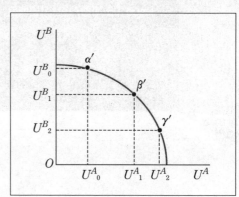

ISSUE 02 생산의 파레토효율

1 생산의 파레토효율

1) 생산이 가장 증가된 상태

2) 더 이상 생산의 파레토 개선이 불가능한 상태

3) 어느 한 재화의 생산을 감소시키지 않고서 다른 재화의 생산을 증가시킬 수 있으면 파레토 개선이 가능

2 생산의 파레토효율 조건

1) 파레토 개선이 불가능 $MRTS_{L,K}^{X} = MRTS_{L,K}^{Y}$

2) 초과수요 = 0

① $L : L_X + L_Y = \overline{L}$

② $K : K_X + K_Y = \overline{K}$

3 계약곡선과 생산가능곡선

1) 초기 부존점과 파레토효율 : 다양한 초기 부존점에 따라서 다양한 파레토효율 달성

2) 계약곡선 : 두 재화의 한계기술대체율이 서로 같게 되는 점들을 연결한 곡선

3) 생산가능곡선 : 계약곡선상의 점에 대응하는 두 재화의 산출수준의 조합을 연결한 곡선

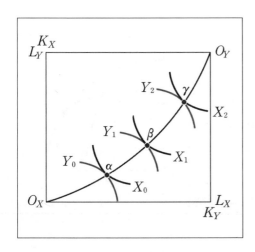
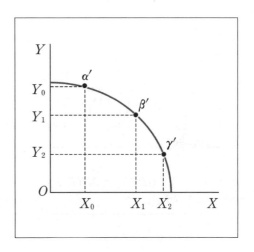

ISSUE 03 소비와 생산의 종합적 파레토효율

1 소비와 생산의 종합적 파레토효율

1) 잉여가 가장 증가된 상태

2) 더 이상 소비·생산의 파레토 개선이 불가능한 상태

3) 다른 이가 손해보지 않게 하면서 더 이상 전체의 잉여를 증가시킬 수 있으면 파레토 개선이 가능

2 소비와 생산의 종합적 파레토효율 조건

1) 파레토 개선이 불가능 $MRS_{X,Y} = MRT_{X,Y}$

2) 초과수요 = 0

① X재 : $X_D = X_S$

② Y재 : $Y_D = Y_S$

3 효용가능경계

1) 생산가능곡선상의 일점에 대응하는 소비의 계약곡선, 효용가능곡선

⇒ 무수히 많은 효용가능곡선이 존재하며 효용가능곡선의 포락선으로 표시 가능

2) 생산가능곡선(최적의 생산점)상의 일점에 대응하는 최적의 소비점

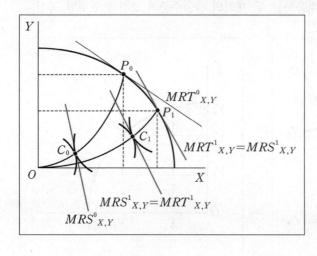
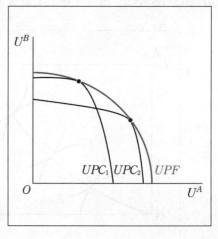

ISSUE 04 후생경제학 제1, 2 정리

1 일반경쟁균형 ⇒ 파레토효율적 : "후생경제학 제1정리"

1) 의의 : 모든 소비자의 선호체계가 강단조성을 갖고 경제 안에 외부성이 존재하지 않으면 일반경쟁균형에 의한 배분은 파레토효율적이다.

2) 증명 : 귀류법

3) 함의 : 보이지 않는 손의 현대적 해석

각 경제주체의 상충되는 욕구를 조정하여 무질서한 혼돈의 상태에 균형이란 질서를 부여하고 그 결과 개인의 사리와 공익은 조화를 이루게 된다.

4) 한계 : 시장실패, 불공평성

① 불완전경쟁, 외부성이 존재할 경우 성립하지 못한다.
② 만일 이상적으로 불완전경쟁, 외부성이 없다고 하더라도 달성되는 균형에 의한 파레토효율적인 배분은 계약곡선상의 수많은 효율적인 배분 중의 하나일 뿐이며 가장 바람직하다는 보장은 없다.

2 파레토효율적 ⇒ 일반경쟁균형 : "후생경제학 제2정리"

1) 제1정리의 역 : 파레토효율적인 배분은 일반경쟁균형인가?

① 즉, 특정의 파레토효율적인 배분이 일반경쟁균형에 의해 달성할 수 있는가?
② 혹은 파레토효율적인 배분이 일반경쟁균형에 의해 달성되도록 하는 가격이 존재하는가?

2) 의의 : 초기부존자원이 적절히 분배된 상황에서 모든 사람의 선호가 연속적이고 강단조적이고 볼록성을 가지면 파레토효율적인 배분은 일반경쟁균형이 된다.

3) 증명 : 생략, 다만, 선호체계가 볼록하지 못하면 제2정리가 성립하지 못함을 보일 수 있다.

4) 함의 : 재분배의 정당성

① 정액세 부과 및 보조를 통하여 초기 부존자원을 재분배
② 다만, 재분배의 이론적 가능성만을 보여주는 것일 뿐 확실치 않다.
③ 또한 재분배를 위해서는 가격체계를 건드리지 않고 정액세-현금이전의 방식이 바람직하다.

ISSUE 05 바람직한 자원배분

1 바람직한 자원배분

1) 효율성과 효용가능경계

① 효용가능경계는 파레토효율 상태이며, 파레토효율 상태인 자원배분은 무수히 많다.
② 이 중에서 가장 바람직한 자원배분을 찾아야 한다.

2) 공평성과 사회후생함수

① 가장 바람직한 배분을 찾기 위해서 효율성 이외에 공평성 기준을 도입한다.
② 공평성 기준은 사회후생함수에 반영된다.

2 사회후생함수

1) 개인의 효용수준을 사회의 후생수준으로 나타내 주는 함수

2) $SW = f(U^A, U^B)$

3) 개인의 효용수준을 각각 비교하여 평가해야 한다.

4) 개인의 효용 간 비교, 평가과정에서 공평성의 가치판단이 반영된다(분배적 정의).

3 사회후생함수의 종류

1) 공리주의적 사회후생함수

① $SW = U^A + U^B$
② 선형의 사회후생함수
③ 특정개인의 효용은 다른 개인의 효용으로 완전히 대체 가능
④ 공평이란?
　ⅰ) 극단적으로 누가 많이 갖든지 관계없다.
　ⅱ) 사회구성원의 효용의 합으로 사회후생을 도출한다.

2) 평등주의적 사회후생함수

① $SW = U^A \cdot U^B$

② 원점에 대해 볼록한 사회후생함수

③ 특정개인의 효용은 다른 개인의 효용으로 대체 가능하지만, 그 정도는 불완전하다.

④ 공평이란?

    ⅰ) 사회구성원 간 효용에 차이가 클수록 대체가 불완전하므로 적절히 균등해야 한다.

    ⅱ) 사회구성원의 효용에 가중치를 두어 사회후생을 도출한다.

3) 롤스주의적 사회후생함수

① $SW = \mathrm{Min}\left\{U^A, U^B\right\}$

② L자형의 사회후생함수

③ 특정개인의 효용은 다른 개인의 효용으로 대체 불가능

④ 공평이란?

    ⅰ) 극단적으로 모두 똑같이 나눠 가져야 한다.

    ⅱ) 가장 낮은 수준의 효용을 누리는 사람의 효용으로 사회후생을 도출

    ⅲ) 최소극대화의 원칙

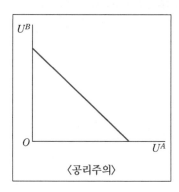
〈공리주의〉

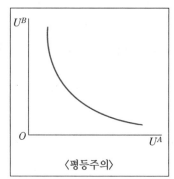
〈평등주의〉

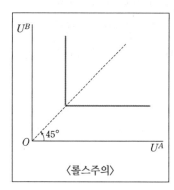
〈롤스주의〉

4 가장 바람직한 자원배분의 도출과 문제점

1) 도출 : 효용가능경계 제약하에서 사회후생의 극대화(효용가능경계와 사회후생함수가 접함)

2) 문제점

    ① 사회후생함수를 사실상 구하기 어렵다는 한계 → 애로우의 불가능성 정리

    ② 효율성을 달성하는 자원배분도 사실상 달성하기 어렵다는 한계 → 차선의 이론

5 애로우의 불가능성 정리

1) 사회후생함수가 가져야 할 바람직한 성격

완전성, 이행성, 보편성(비제한성), 파레토 원칙, 무관한 선택대안으로부터의 독립성(IIA, independence of irrelevant alternatives), 비독재성

2) 위의 조건을 모두 만족시키는 사회후생함수는 없으며 만일 비독재성 이외의 조건들을 충족한다면 그 사회후생함수는 독재적이다.

3) 즉, 모든 사회적 배분상태를 평가할 수 있는 사회적 의사결정 시스템은 없다.

6 차선의 이론

1) 효율성을 달성하는 조건들도 여러 제약들 때문에 충족되기 어렵다.

2) 여러 제약들로 효율성 달성 조건이 파괴된 상황하에서 그나마 효율성 조건을 좀 더 많이 충족하고 있는 사회적 상태가 차선으로 보일 수 있다.

3) 그러나 그때의 사회후생은 오히려 효율성 조건이 많이 충족되지 못하고 있는 사회적 상태보다도 사회후생이 열악할 수 있다.

4) 즉, 차선처럼 보이는 상황이 차선이 아닐 수도 있다는 것이다.

CHAPTER

08

시장실패이론

시장실패이론

ISSUE 01 시장실패 일반

1 시장실패

시장기구가 희소한 자원을 효율적으로 배분하는데 실패한 현상

2 넓은 의미의 시장실패

1) 비효율적인 자원배분
2) 소득 및 부의 분배의 불공평성
3) 주기적으로 나타나는 실업 및 인플레이션

3 좁은 의미의 시장실패(비효율적인 자원배분)와 그 원인

1) 불완전경쟁
2) 공공재

　　국방서비스, 치안서비스 등과 같은 비경합성, 배제불가능성의 특징을 가짐

3) 외부성

　　① 시장의 테두리 밖에 존재하는 현상
　　② 어떤 한 경제주체의 행위가 제3자에게 의도하지 않은 이득이나 손해를 가져다주고 그럼에도
　　　불구하고 이에 대한 대가를 받거나 주지 않는 상황

4) 불확실성

　　① 경쟁균형이 파레토효율적이라면 반드시 확실성 상황이어야 함
　　② 불확실성이 존재할 경우 균형의 효율성은 담보될 수 없음
　　③ 완벽한 보험을 제공하는 완벽한 조건부상품시장의 부존재(불완비시장)
　　　← 시장부존재의 원인은 역선택, 도덕적 해이(불완전정보)

ISSUE 02 공공재의 특성

1 공공재의 특성

1) 배제불가능성(non-excludability)

① 가격을 지불하지 않은 사람을 소비에서 배제시킬 수 없다.

② 가격을 지불하지 않아도 소비가 가능해진다.

③ 따라서 구성원들은 공공재에 대하여 가격을 지불하지 않으려 한다(무임승차자의 문제).

2) 비경합성(non-rivalry)

① 한 사람의 소비는 다른 사람이 소비할 수 있는 기회를 감소시키지 않는다.

② 구성원 내 공동소비가 가능하며 경합적이지 않다.

③ 추가적인 소비에 따른 한계비용은 없다.

2 공공재의 유형

1) 순수 공공재

① 배제불가능성과 비경합성의 특성 모두를 가진 재화

② 예 국방서비스, 치안서비스, 한산한 대규모 무료 도로 등

2) 비순수 공공재

① 배제불가능성과 비경합성의 특성 중 어느 하나는 완벽하지 않은 재화

② 예 한산한 대규모 유료 도로 – 배제불가능성 ×, 비경합성 ○

③ 예 소규모 공동소유지 – 배제불가능성 ○, 비경합성 ×

3) 사적 재화와 공공재

경합성 \ 배제성	배제 가능	배제 불가능
경합적	사적 재화 (막히는 유료도로)	비순수공공재, 공유자원 (막히는 무료도로)
비경합적	비순수공공재 (한산한 유료도로)	순수공공재 (막히지 않는 무료도로)

ISSUE 03   공공재의 최적공급

1   공공재의 시장수요

1) 개별 소비자들은 모두 상이한 지불용의 가격에 직면

2) 개별 소비자들은 서로 동일한 양을 소비

3) 개별 소비자들은 진실한 선호를 표출하지 않음(거짓된 개별수요곡선)

　　→ 따라서 공공재에 대한 수요곡선을 가상수요곡선이라고 한다(pseudo demand).

4) 시장수요는 개별수요의 수직합

2   공공재의 최적생산 및 소비

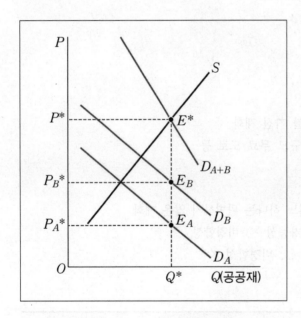

1) 최적공급량 : E^*에서 Q^*만큼 공급된다.

2) A, B**의 지불가격 및 소비량** : $\begin{cases} E_A \text{에서 } P_A^* \text{가격으로 } Q^* \text{만큼 } A\text{가 소비} \\ E_B \text{에서 } P_B^* \text{가격으로 } Q^* \text{만큼 } B\text{가 소비} \end{cases}$

3) 공공재 최적 공급 조건 : $MB_A + MB_B = MC$, $MRS_{X,Y}^A + MRS_{X,Y}^B = MRT_{X,Y}$

3 무임승차자 문제

1) 의의

공공재에 대한 비용은 부담하지 않으려 하면서 일단 생산이 되면 이를 이용하려는 행태

2) 원인

공공재의 배제불가능성 때문에 사회구성원들은 공공재에 대한 진정한 선호를 표출하지 않을 뿐만 아니라 공공재에 대하여 가격을 지불하지 않음

3) 해결

① 과세를 통한 공공재 비용 충당

무임승차를 방지하기 위해서 보다 강제적인 수단, 예를 들면 과세를 통하여 공공재의 생산비용을 충당하여 적절한 공공재 공급수준을 달성시키는 것이 필요

② 수요표출메커니즘 활용

사회구성원들이 공공재에 대하여 진실한 선호를 표출하는 것이 자신들에게 유리하도록 선호표출의 메커니즘을 고안하여 무임승차자 문제 해결

4) 무임승차자의 게임이론

① 보수행렬표

A \ B	생산	무임승차
생산	5, 5	−10, 20
무임승차	20, −10	0, 0

② 균형

각 개인의 우월전략은 무임승차이며, 우월전략균형 및 내쉬균형은 구성원 모두 무임승차전략을 구사하는 것

ISSUE 04 외부성의 의의와 효과

1 외부성의 의의

1) 어떤 경제주체의 행위가 시장기구를 통하지 않고 다른 경제주체의 경제활동에 명시적으로 영향을 미치는 것(실질적 외부성)

2) 어떤 경제주체의 경제행위(소비, 생산)가 다른 경제주체의 효용·생산함수에 영향을 미치고 있음에도 불구하고 이에 대하여 적절한 대가의 교환 혹은 보상이 이루어지지 않는 것

   cf 금전적 외부성 : 시장가격기구를 통하여 다른 경제주체에게 영향을 미치는 것

2 외부성의 유형

1) 긍정적 외부성 vs 부정적 외부성
2) 소비의 외부성 vs 생산의 외부성

3 외부성의 효과

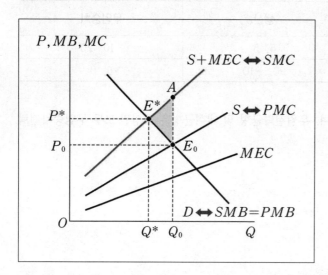

1) 외부한계비용의 존재, 사회적 한계비용의 증가, 사적 한계비용과 사회적 한계비용의 불일치

2) 시장에서의 자원배분 : E_0, Q_0, P_0 (과다생산), **바람직한 자원배분** : E^*, Q^*, P^*

3) 사회적 후생 손실 : $\triangle AE^*E_0$

ISSUE 05 외부성과 사회적 최적산출량 계산

1 생산의 부정적 외부성과 사회적 최적산출량

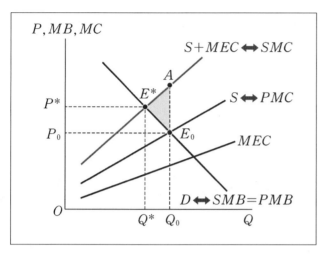

생산에 부정적 외부성이 있는 경우 사회적 최적생산량은 $SMC = SMB$일 때 달성(E^*에서 Q^*생산)된다. 그러나 시장에서의 균형생산량은 $PMC = SMB$에서 달성되어 과다생산(E_0에서 Q_0)되므로 사회적 후생손실이 발생한다.

2 소비의 긍정적 외부성과 사회적 최적산출량

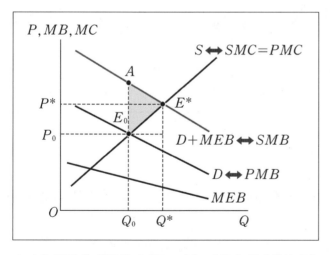

소비에 긍정적 외부성이 있는 경우 사회적 최적생산량은 $SMC = SMB$일 때 달성(E^*에서 Q^*생산)된다. 그러나 시장에서의 균형생산량은 $SMC = PMB$에서 달성되어 과소생산(E_0에서 Q_0)되므로 사회적 후생손실이 발생한다.

ISSUE 06 최적오염모형

1 의의

오염물질의 정화에 들어가는 비용을 고려할 때, 환경오염수준을 0으로 낮추는 것은 바람직하지 않으므로 오염으로 인한 총비용을 최소화시키는 수준이 최적오염수준이 됨

2 최적오염수준의 결정

1) 오염과 관련된 비용

① 오염피해비용

오염물질로 인한 피해에 따른 비용으로서 오염배출량이 증가함에 따라 오염피해비용은 증가

② 오염제거비용

오염물질 정화·처리에 따른 비용으로서 오염배출량이 감소함에 따라 오염제거비용은 증가

③ 오염의 총비용

오염의 총비용은 오염피해비용과 오염제거비용을 더한 비용

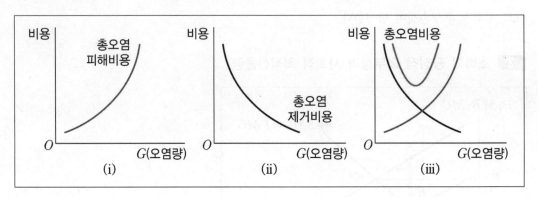

2) 오염비용의 극소화와 최적오염수준

① 총비용 접근

오염의 총비용인 총오염피해비용과 총오염제거비용을 더한 총비용을 극소화시키는 수준에서 최적오염수준을 결정

② 한계비용 접근

총오염피해비용과 총오염제거비용을 더한 총비용을 극소화시키는 수준은 총오염피해비용을 미분한 한계오염피해비용과 총오염제거비용을 미분한 한계오염제거비용을 일치시키는 수준에서 최적오염수준을 결정

ISSUE 07 피구세와 피구보조금

1 의의

1) 교정적 과세

외부경제 혹은 외부불경제를 창출하는 경제주체에게 적절히 세금을 부과하거나 보조금(음의 피구세)을 지급하여 자원배분의 비효율성을 시정

2) 내부화

적절한 보상 또는 대가를 통해서 사적 이익과 사회적 이익 일치

2 모형

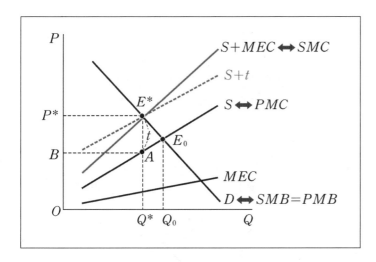

1) 피구세 T 부과 전 : E_0, Q_0, P_0

2) 피구세 T 부과 후 : E^*, Q^*, P^*

3) 피구조세수입 : $\square P^* E^* A B$

3 피구세 T와 피구보조금 S

피구세는 생산 시 과세되는 것이고, 피구보조금의 경우 감축 시 보조금이 지급되는 것이므로 기업의 비용함수에 미치는 효과는 동일하다.

ISSUE 08 코즈 정리

1 코즈 정리의 의의

1) 코즈 정리의 기본 가정

① 외부성이 존재하는 경우, 정부개입이 없더라도,
② 외부성과 관련된 재산권의 부여가 확립되고
③ 협상에 따른 거래비용이 존재하지 않는다면

2) 코즈 정리의 결론

경제주체들 간의 협상을 통해 효율적인 자원배분이 가능하다.

2 모형

1) 모형의 설정

① 오염배출자(화학회사) : 오염제거비용 부담, 오염량 감축 시 오염제거비용 발생
② 오염피해자(인근주민) : 오염피해비용 부담, 오염량 증가 시 오염피해비용 발생

2) 분석

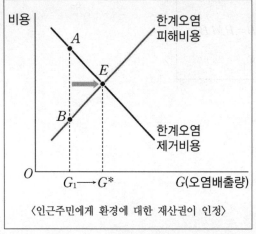

〈인근주민에게 환경에 대한 재산권이 인정〉

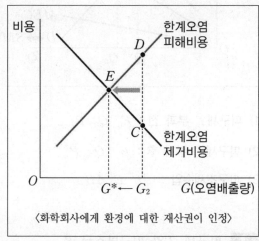

〈화학회사에게 환경에 대한 재산권이 인정〉

ISSUE 09 배출권 거래제

1 의의

오염배출권(오염물질을 합법적으로 방출할 수 있는 권리 증서)을 발행하여 오염배출의 주체(예 기업)에게 배분한 후 기업들 간에 자발적 거래에 의해 서로 자유롭게 사고팔도록 허용함으로써 오염배출량을 통제하는 제도

2 효과

1) 사회 전체적으로 최초로 설정된 최적 오염물질 수준량이 달성된다.

① 오염물질 처리능력이 뛰어난 기업이 낮은 비용으로 먼저 처리하기 시작한다.

② 낮은 비용으로 오염물질을 처리하기 위한 메커니즘

2) 직접규제의 방식(최적오염수준 설정)과 시장유인의 방식(오염배출권 거래)을 동시에 사용한다는 특징이 있다.

3) 배출권을 거래하는 기업 모두 이득

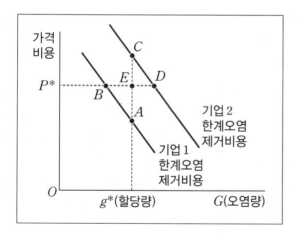

① 기업 1 : $A \rightarrow B$, $\triangle ABE$ 이득

② 기업 2 : $C \rightarrow D$, $\triangle CDE$ 이득

③ 오염배출권의 가격은 $\overline{BE} = \overline{DE}$ 인 곳에서 결정

ISSUE 10 공유지

1 공유재와 공유의 비극(tragedy of commons)

1) 공유재의 의의

① 경합성은 있으나 배제성은 없는 재화를 공유재라고 한다.

② 공유재는 공공재와 유사하게 배제불가능성의 특징과 사적재와 유사하게 경합성의 특징을 모두 가지고 있다.

2) 공유의 비극

① 공유재의 경우에는 공유재가 적정 수준 이상으로 남용되어 쉽게 고갈되는 문제가 발생하는데 이를 공유의 비극이라고 한다.

② 공유재는 배제가 어렵기 때문에 누구나 공유재를 사용할 수 있다. 배제불가능하여 누구나 사용가능하고 주인이 될 수 있어서 소유권이 분명하지 않다는 점에서 과잉소비가 발생하고 경합성으로 인하여 결국 고갈되는 것이다.

2 공유의 비극과 외부성

1) 공동목초지에 방목하는 목축업자는 아무런 비용을 지불하지 않기 때문에 편익만 얻고 비용은 없다(혹은 미리 정해진 규칙에 따른 비용만 존재).

2) 그러나 엄밀하게 보면 또 다른 유형의 비용이 존재하는데, 어느 한 목축업자가 자신의 소들을 방목하게 되면, 그만큼 다른 목축업자들이 목초지를 찾는데 비용을 들이게 된다고 할 수 있다. 또한 목초지에서 먹일 수 있는 풀이 감소하여 소의 발육상태에 문제가 있어서 이윤이 감소한다.

3) 즉, 다른 경제주체에게 의도하지 않은 비용증가, 이윤감소를 경험케 하는 것으로서 외부성이라고 할 수 있다. 더구나 이런 외부성은 일방적인 것이 아니라 쌍방으로 일어나게 된다.

4) 따라서 이와 같이 외부성이 존재하는 상황하에서 개별적 의사결정은 다른 목축업자나 사회 전체에 미치는 영향을 생각하지 않고 자신만의 이윤을 극대화하는 의사결정을 하게 된다.

CHAPTER

09

기타 미시경제이론

기타 미시경제이론

ISSUE 01 정보경제이론

1 역선택

1) 정보가 비대칭적으로 분포된 상황에서 정보를 갖지 못한 측의 입장에서 볼 때 바람직하지 못한 상대방과 거래를 할 가능성이 높아지는 현상을 역선택이라고 한다.

2) 역선택은 감추어진 특성(hidden characteristic) 때문에 발생한다.

3) 역선택은 정보를 갖고 있는 측의 자기선택과정에서 발생한다.

① **예** 나쁜 질의 차를 가진 사람은 자발적으로 이를 팔려고 시장에 내놓는다.

② **예** 좋은 질의 차를 가진 사람은 자발적으로 이를 시장에서 거두어들인다.

cf 자기선택장치(self-selection mechanism) : 역선택의 상황에서 정보를 가진 측이 자신에게 유리한 선택을 하는 과정에서 스스로 자신에 대한 속성을 드러내어 정보를 갖지 못한 측에게 그 정보가 제공되도록 하는 장치(**예** 보험사가 가입자 유형에 따라 요금을 차별적으로 부과하고 가입자들은 자신의 속성에 따라서 스스로 요금체계를 선택)

4) **역선택의 해결방안**

① **신호**

정보를 가진 측에서는 감추어진 특성에 대한 관찰 가능한 지표 또는 감추어진 특성에 대한 다양한 보증을 제공(**예** 중고차 성능기록부, 품질보증)하여 역선택의 문제를 완화시킬 수 있다. 보증은 바로 거래되는 상품의 질이 좋다는 신호로 작용한다. 이러한 정보의 제공을 신호발송(signaling)이라고 한다.

② **선별**

정보를 갖지 못한 측에서는 정보를 가진 측의 감추어진 특성에 관한 정보를 파악하기 위해 정보를 수집하여 바람직하지 못한 거래당사자와 바람직한 거래당사자를 구별하여 역선택의 문제를 완화시킬 수 있다(**예** 학력에 따라서 차별적으로 임금을 책정하는 것, 보험가입 시 건강진단서를 제출케 하여 차별적으로 보험료를 책정하는 것, 은행의 대출심사). 이를 선별(screening)이라고 한다.

③ 신뢰, 평판

정보를 가진 측에서 적극적으로 자신에 대한 평판과 신뢰를 축적하여 역선택을 해결하려는 유인이 있다. 기업이 자사 브랜드에 대한 명성을 쌓으려고 노력하는 것도 신뢰 및 평판의 축적을 통한 역선택의 해결방안으로 좋은 예가 된다.

④ 신용할당

신용할당(credit rationing)이란 현재의 이자율 수준에서 자금에 대한 초과수요가 있더라도 이자율을 인상하는 대신에 자금을 빌리려는 기업에게 원하는 자금규모보다 더 적게 대부하는 것을 의미한다. 만일 이자율을 인상하게 되면, 지불능력이 양호한 기업은 자금시장에서 철수할 것이며, 높은 리스크를 가진 기업만 남아서 높은 이자율을 받아들일 것이다. 이러한 역선택 현상을 회피하기 위해서 금융기관은 더 적은 규모의 대출을 하게 될 유인이 있고 이 과정에서 채무불이행 위험이 낮은 기업이 자금차입에 어려움을 겪을 수 있다.

⑤ 강제적인 보험가입

시장에 바람직하지 못한 속성을 가진 상품이나 거래대상자만이 나타나는 현상을 없애기 위하여 속성에 관계없이 모든 상품이나 거래대상자가 거래에 참여토록 강제하는 것이다. 예를 들어 건강보험의 경우 건강한 사람이든 건강하지 않은 사람이든 관계없이 누구나 강제적으로 가입해야 하며, 건강상태에 따라서 보험료를 내는 것이 아니라 소득 및 자산에 비례하여 보험료가 책정된다.

2 도덕적 해이

1) 어느 한 거래당사자는 자기 행동이 상대방에 의해 정확하게 파악될 수 없는 특정한 상황에서 상대방에게 바람직하지 못한 결과를 초래하고 자신의 이득을 추구하는 행동을 할 유인이 있을 수 있다. 이 경우 그 거래당사자는 바람직하지 못한 행동을 할 수 있는데 이를 도덕적 해이가 발생하였다고 한다.

2) 도덕적 해이는 거래나 계약 이후에 나타나는 감추어진 행동(hidden action)이 문제된다.

3) **도덕적 해이의 해결방안**

보험의 경우 공동보험(사고발생 시 손실액 중 일정 비율만을 보상), 기초공제(사고손실액 중 일정금액은 고객이 부담), 상한설정(사고보장금액의 상한을 설정) 등의 방식이 있다.

3 본인-대리인 문제

1) 비대칭적 정보의 상황에서 대리인이 본인의 이익에 반하여 자신의 이익을 추구하는 행동을 할 유인이 있을 수 있다. 이러한 상황에서 나타나는 문제들을 본인-대리인 문제라고 한다.

2) 본인은 대리인이 취한 행동을 관찰할 수 없으며 본인과 대리인은 서로 다른 이해관계 상태이기 때문에 계약관계를 맺고 있는 대리인이 본인의 경제적 후생에 영향을 줄 수 있는 행동을 취할 수 있다.

3) 본인-대리인 문제의 사례
 ① 주주와 경영자
 ② 국민과 관료
 ③ 소송의뢰인과 변호사
 ④ 운동선수와 에이전트
 ⑤ 환자와 의사

4) 본인-대리인 문제의 해결방안
 ① 본인-대리인 문제는 도덕적 해이의 특수한 경우에 해당하므로 적절한 유인구조를 대리인에게 제시함으로써 본인의 이익을 위해서 일하는 것이 대리인 자신에게도 이득이 되도록 하여 대리인의 도덕적 해이를 방지하는 것이 필요하다.
 ② 유인설계의 종류 : 성과에 따른 보수지급, 이윤의 공유, 효율성 임금

4 정보재

1) 정보재의 의의
 어떤 상품 속에 담긴 정보가 그 상품에 있어서 매우 본질적이고 핵심적인 의미를 갖는 경우에 그러한 상품을 정보재(information goods)라고 한다. 예를 들면 책, 음악, 영화, 소프트웨어, 데이터 등을 정보재로 볼 수 있는데, 이러한 상품들은 상품을 싸고 있는 외양보다는 상품 속에 담긴 내용, 즉 정보가 상품으로서의 본질적 특징을 결정한다.

2) 정보재의 특성
 ① 잠김효과(lock-in effect)
 특정재화나 서비스, 특정 시스템을 사용함에 있어서 이와 관련되거나 대체가능한 다른 제품, 서비스, 시스템의 선택이 제약받는 현상이다. 예를 들면 여러 종류의 워드프로세서 소프트웨어 중에서 특정 소프트웨어를 일단 선택하여 사용하기 시작하면, 이후에 여간해서는 다른 소프트웨어로 바꾸기가 쉽지 않다. 이렇게 특정 제품이나 서비스를 사용하면 그것에 묶여서 마치 자물쇠로 잠긴 상태가 된다는 의미이다.

② 전환비용(switching cost)

정보재를 소비하기 위해서는 다른 일반적인 재화와는 달리 상품에 담긴 정보의 내용을 이해하고 숙달하여 활용하는 시간적 과정이 필요하며 이미 선택하여 사용하고 있던 정보재를 다른 정보재로 바꾸기 위해서는 많은 시간과 노력을 들여야 하기 때문에 매우 불편하며 비용으로 작용한다. 잠김효과가 강하게 나타날수록 전환비용이 매우 크며, 또한 전환비용이 클수록 잠김효과는 더욱 강하게 나타난다.

③ 네트워크효과(network effects)

같은 정보재를 사용하는 소비자들의 경우 소비자규모가 커질수록, 즉 특정 정보재에 대한 소비자 네트워크가 커질수록 소비자들의 효용이 더 커지게 되며 해당 정보재를 사용하고 있는 소비자규모가 정보재의 효용에 큰 영향을 미치게 되어 상품구입 의사결정을 좌우하게 된다.

④ 긍정적 피드백효과(positive feedback)

특정 정보재에 있어서 네트워크효과가 강하게 존재할 경우 정보재에 대한 수요는 조금씩 증가하다가 어느 시점에 이르면 갑자기 폭발적으로 증가하는 특성을 보인다. 이는 특정 정보재를 사용하는 소비자들이 점점 많아지면서 그로 인한 효용도 동시에 커지면서 다시 더 많은 소비자들이 소비에 동참하게 되는 연쇄효과로 인해 쏠림현상이 나타나는데 이를 긍정적 피드백효과(positive feedback)라고 한다.

⑤ 수요 측 규모의 경제(demand side economies of scale)

긍정적 피드백효과로 인하여 특정 정보재를 사용하는 소비자규모가 어느 정도 커지면, 즉 시장에서 일정 정도의 시장점유율을 넘어서면 갑자기 수요가 폭증하면서 시장 전체를 장악하게 되는 것이다. 결국 시장에서 약자는 도태되고 승자가 모든 것을 독식하여 살아남게 되는 결과가 나타난다. 이를 수요 측 규모의 경제라고 한다. 일반적으로 규모의 경제는 생산의 과정에서 투입과 산출 간의 기술적 관계와 특성에 의하여 발생하므로 공급 측 규모의 경제이다. 그런데 정보재의 경우 네트워크효과와 긍정적 피드백효과에 의하여 수요 측 규모의 경제가 크게 나타날 수 있다.

⑥ 경험재(experience goods)

경험재는 소비자가 직접 선택하여 사용해 봐야지만 그 특성과 품질을 알 수 있지만, 탐색재는 실제로 사용해보지 않더라도 어느 정도는 상품의 특성과 품질을 알 수 있는 재화이다. 예를 들면 책, 영화, 소프트웨어와 같은 정보재는 소비자가 직접 소비하는 과정을 거치지 않고서는 그 품질을 가늠할 수가 없다. 이로 인해 정보재가 가져다주는 효용을 소비자들은 알기가 쉽지 않아서 소비를 망설이게 된다. 따라서 정보재의 공급자들은 소비자들에게 책의 일부 내용을 맛보기 형태로 공개하거나 영화의 예고편을 보여주거나 소프트웨어의 베타버전을 미리 공개하는 등의 전략을 구사한다.

⑦ 독특한 비용구조와 자연독점화 경향

정보재는 생산의 초기 단계에서는 많은 비용이 들지만 일단 생산이 시작되면 추가적인 생산
비용은 그리 크지 않다는 특징이 있다. 예를 들면, 소프트웨어를 제작하기 위해서 초기에 막
대한 연구비와 개발비가 투입되어야 하지만 일단 소프트웨어 제작이 완료되면 매우 싼 비용
으로 소프트웨어를 제작하여 판매할 수 있다. 즉 정보재 생산에 있어서 비용구조는 고정비용
이 매우 높은 반면, 한계비용은 매우 낮으며, 고정비용의 경우 매몰비용적 성격이 매우 강하
여 일단 투입되면 회수하기가 어렵다는 특징을 보인다. 이러한 비용구조로 인해서 생산이 증
가하면 할수록 평균비용이 계속 감소하게 되어 자연스럽게 독점화로 진행될 가능성이 매우
커진다. 결국 정보재의 가격은 정보재의 공급자가 결정하게 된다.

⑧ 전략적 가격설정(strategic pricing)

정보재는 소비자의 경험이 매우 중요하기 때문에 소비자들의 가치평가가 매우 다양하고 상이
할 수밖에 없다. 결국 소비자들이 느끼는 효용도 다르고 소비자들이 낼 용의가 있는 금액도
다르다. 이에 따라 정보재는 가격차별이 매우 빈번히 나타난다. 또한 정보재는 수요 측 규모
의 경제가 강하게 작동하므로 공급자 입장에서는 가급적 빠른 시간 안에 자사 정보재에 대한
소비자 네트워크를 확충하는 것이 매우 중요하다. 이를 위해서 소비자를 유인하는 전략을 구
사하게 되는데 무료견본이나 할인판매 등의 전략적 가격설정이 자주 나타난다.

ISSUE 02 행태경제이론

1 행태경제이론

1) 전통적 경제이론의 가정이라고 할 수 있는 합리성과 이기심이 얼마나 현실에 부합되는지를 검증하면서 출발

2) 심리학적 실험결과나 현실경제에서 관찰되는 특이한 현상을 통해서 인간의 판단방식을 검증하고 이러한 판단방식의 특성이 선택에 영향을 미치는지 연구

3) 심리학자 트버스키, 카네만

2 인간의 합리성 가정에 대한 비판

1) 휴리스틱

현실의 상황을 판단하는 것은 매우 복잡하기 때문에 사람들은 이를 단순화하기 위해 몇 가지 주먹구구식의 원칙을 사용한다. 이러한 독특한 심리적 메커니즘을 휴리스틱이라고 한다.

2) 인식의 편향

사람들은 주변 상황을 인식할 때 엄격한 객관성을 유지하지 못하고 특정한 편향을 보인다. 현실을 정확하게 인식하지 못하고 잘못된 판단을 내리는 것으로서 인식의 편향이라고 한다.

3 인간의 이기심 가정에 대한 비판

인간은 기본적으로는 자신의 이익을 중시하지만, 맹목적으로 이것만을 극대화하는 태도를 보이지 않음이 실험결과 입증되었다. 때로는 공익을 위해서 자신의 이익을 포기하는 행태를 보일 뿐 아니라 자신이 공정하다고 생각하는 결과를 가져오기 위해서 개인적 비용을 지불하는 경우도 있다.

4 소비자 선호체계에 대한 비판

1) 부존효과(endowment effect)

어떤 물건을 소유하는 사람이 그것을 포기하기 싫어하는 성향이 있기 때문에 나타나는 효과로서 똑같은 상품에 대한 평가가 상황에 따라서 달라지는 특이한 현상이 나타난다. 똑같은 물건임에

도 불구하고 소유하고 있는 것을 팔 때 받아야겠다고 하는 금액과 소유하지 않은 상황에서 그것을 살 때 낼 용의가 있는 금액 사이에 차이가 나타나는 현상이다. 만일 소비자가 잘 정의되고 안정적인 선호체계를 갖는다면, 한 상품에 대한 평가는 어느 상황에서든 똑같아야 한다. 이는 무차별곡선상에서 효용의 비가역성을 의미한다.

2) 틀짜기효과(frame effect)

사람들은 어떤 틀을 통해 선택과 관련된 행동, 결과 등을 인식한다. 동일한 상황에서의 문제를 여러 가지 다른 틀을 사용하여 다르게 인식할 수 있다는 뜻이다. 만일 잘 정의되고 안정적인 선호체계를 갖고 있는 사람이라면 상황을 어떤 틀에 의해서 인식하는지의 여부와 관련없이 똑같은 결정을 내려야 한다. 그러나 현실에서는 인식의 틀이 바뀜에 따라서 결정을 바꾸는 경향을 보인다.

3) 심적회계방식(mental accounting)

사람들은 마음속에 경제적 가치와 관련하여 독특한 회계방식을 가지고 있다. 즉, 마음속에 여러 개의 계정(accounts)을 설정해 놓고 있다. 예를 들면, 정상적인 소득으로 들어오는 돈과 복권 등에서 얻은 돈을 수입원별로 구분한다든지 생활비에 쓸 돈과 오락비에 쓸 돈을 지출원별로 구분하는 것을 생각해 볼 수 있다.

5 기대효용이론에 대한 비판

1) 사람들이 기대효용을 극대화하려 한다는 관점에서 선택행위를 분석할 경우 서로 모순되는 결론에 이르게 됨이 입증되어 있다. 또한 사람들은 기대효용의 극대화라는 단순한 결과가 중요한 것이 아니라 준거점에 비해서 상황이 어떻게 변했는지에 따라서 효용의 수준이 결정된다.

2) 똑같은 크기의 이득과 손실이라도 효용에 미치는 영향의 크기가 다르다. 이득과 손실이 똑같은 크기라고 할 경우 이득이 생겼을 때의 효용 증가폭보다는 손실이 생겼을 때의 효용 감소폭이 더 크다(손실기피적 태도).

6 전망이론(prospect theory)

불확실성하에서의 선택에서 사람들이 보이는 행태를 기존의 기대효용이 제대로 설명해주지 못한다고 비판하면서 전망이론이 제시되었는데 기대효용이론에서 복권과 유사한 개념으로서의 전망이란 특정확률로 특정결과를 가져오는 계약으로 정의한다. 최근 불확실성하의 선택에서 전망이론이 점차 유용하게 활용되고 있으며 기존의 기대효용이론에서 간과하고 있는 부분에 대해 새로운 시각을 얻을 수 있다.

7 확실성 효과(certainty effect)

사람들은 확실한 결과에 대해서 "이례적"으로 높은 가중치를 부여한다. "이례적"이라는 것은 기대효용이론의 관점에서 볼 때 이해하기 힘들 만큼 높다는 뜻을 말한다.

8 반사효과(reflection effect)

1) 절대적 금액은 똑같은데 단지 부호만 반대인 상황과 관련된 사람들의 선택에서 하나가 다른 것의 거울상에 해당하는 특성이 나타나는 것을 의미한다. 예를 들어 확실하게 3백만원을 얻는 경우와 80퍼센트의 확률로 4백만원을 얻는 경우 사이에서 선택할 경우, 대부분의 사람들은 3백만원을 확실하게 얻는 경우를 더욱 선호한다.

2) 그러나, 확실하게 3백만원을 잃는 경우와 80퍼센트의 확률로 4백만원을 잃을 경우 사이에서 선택할 경우, 대부분의 사람들은 80퍼센트의 확률로 4백만원을 잃는 것을 선호한다. 이득이 결부된 상황에서의 선택과 손실이 결부된 상황에서의 선택이 거울상처럼 반전되어 나타나는 현상이다.

9 확률의 크기에 따른 태도의 변화

앞에서 본 이득에 관해서 위험기피적인 태도와 손실에 관한 위험애호적인 태도는 대체로 중간정도의 확률에서 나타나는 현상이다. 만일 확률이 낮은 경우에는 이와 달리, 이익에 대해서 위험애호적인 태도와 손실에 대해 위험기피적인 태도가 나타나는 것이 일반적이다. 지극히 당첨확률이 낮은 복권을 기꺼이 구입하는 위험애호적인 태도와 지극히 발생확률이 낮은 화재사고 등에 대비해 보험에 가입하는 위험기피적인 태도가 나타난다.

10 효용과 재산폭

최종적인 재산의 크기가 아니라 재산의 변화과정과 변화폭이 효용을 결정한다.

PART
02

거시경제학

CHAPTER

01

거시경제학의 기초

Chapter 01 거시경제학의 기초

ISSUE 01 국내총생산(GDP)의 개념과 측정방법

1 국내총생산(GDP)

1) 일정한 기간 동안 한 나라 안에서 생산되어 최종적인 용도로 사용되는 재화, 서비스의 가치를 모두 더한 것

2) 유량 기준, 국경 기준, 최종재 기준, 시장거래 기준

2 국내총생산(GDP) 개념의 한계

1) **시장거래기준의 문제**

① 시장에서 거래되지 않는 주부 가사노동, 육아 등은 비고려

② 가사노동, 육아 등을 위한 도우미 고용 시 국내총생산 증가

※ 다만, 시장에서 거래되지 않는다고 하더라도 일부 생산물에 대하여는 추산을 통하여 귀속시키는 경우도 있으니 주의해야 한다. 예를 들어 자가소유주택으로부터의 주거서비스의 가치를 추산하는 것이라든지, 군인, 경찰, 공무원들로부터의 국방서비스, 치안서비스, 행정서비스의 가치를 추산하는 것이 좋은 예가 된다. 또한 농가에서 자신이 소비하기 위해서 생산하는 자가소비용 농산물도 추산을 통해서 국내총생산에 포함된다.

2) **여가의 가치 문제**

① 시간투입에 따른 상품생산만 고려할 뿐, 여가소비 비고려

② 여가소비에 따른 삶의 질을 반영하지 못하므로 후생측정지표로서 한계

3) **지하경제의 문제**

① 밀수, 마약거래, 노점상, 포착되지 않는 사교육 등 지하경제부문 비고려

② 실제 생산 및 소비 규모를 과소평가하는 한계

4) 시장가치반영의 문제

① 시장가격이 상품의 진정한 가치를 제대로 반영하지 못하고 있는 경우의 문제
② 실제 생산 및 소비 규모를 과대 혹은 과소평가하는 한계

5) 생산에 따른 부작용의 문제

① 생산에 따른 부작용으로서 환경오염비용을 반영하지 않는 문제
② 생산규모는 늘더라도 후생 및 복지수준은 줄어들 수 있다는 한계

3 국내총생산(GDP)개념의 보완

1) **포괄수정** : NEW(New Economic Welfare) → 여가가치, 지하경제, 환경오염 고려
2) **제한수정** : 녹색 GDP → 환경오염비용을 고려

4 국내총생산(GDP)의 측정

1) 3면 등가의 법칙

① **생산측면 GDP** : 최종생산물의 시장가치(부가가치의 합계)
② **분배측면 GDP** : 생산과정에 참여한 주체들에 대한 대가(임금, 이자, 지대, 이윤)
③ **지출측면 GDP** : 생산물의 처분(소비, 투자, 정부지출, 순수출)

특히, 투자는 건설투자, 설비투자, 재고투자로 구성되며 건설투자에는 공장, 사무실, 주택의 신축 및 보수가 포함된다. 재고투자는 원재료, 재공품뿐만 아니라 완성품에 대한 기업보유량을 포함하므로 재고투자의 감소는 국내총생산의 감소를 의미한다.

2) 유의사항

① 3면 등가의 법칙은 사후적으로 항상 성립
② 사전적으로 성립하는 경우 이를 달성시키는 소득, 이자율의 조정이 필요

5 국내총생산(GDP)의 측정방법

1) 최종생산물의 시장가치의 합
2) 각 생산단계에서 새로이 창출된 부가가치의 합
3) 각 생산과정에 참여한 경제주체들이 수취한 요소소득의 합
4) 소비과정에 참여한 경제주체들의 소비의 합

ISSUE 02 국내총생산(GDP)의 계산 시 포함 및 불포함 항목

1 GDP 계산 시 주의사항

1) **유량 기준** : 일정기간 측정하며 일정시점에서의 측정이 아니다.

2) **국경 기준** : 국경 내 생산을 의미하며 국민 기준이 아니다.

3) **최종재 기준** : 최종재를 의미하며 중간투입물은 제외된다.

4) **시장거래 기준** : 시장에서 거래되는 것만 의미하며 비시장거래, 지하경제는 제외된다.

2 GDP 계산 시 포함 항목

1) 파출부의 임금, 식당에서 판매하는 식사

2) 서로 아이를 돌봐주고 각각 상대에게 지불한 임금

3) 임대주택의 주거서비스

4) 자가주택의 주거서비스(귀속가치), 농가의 자가소비농산물

5) 은행예금의 이자소득

6) 신항만건설을 위한 국고지출, 전투기 도입비

7) 행정서비스(공무원 인건비)

8) 중고차업자의 중개서비스 가치

9) 판매되지 않고 남은 재고의 증가

10) 기업의 연구개발비

3 GDP 계산 시 불포함 항목

1) 주부의 가사노동, 아내가 가족을 위해 제공하는 식사

2) 마약, 밀수거래 등 지하경제

3) 아파트 매매대금, 아파트 매매차익, 아파트 가격상승, 중고차 매매가

4) 지난해 생산되었으나 팔리지 않았던 재고의 판매

5) 도시가계의 자가소비농산물

6) 실업수당, 국공채 이자, 로또복권 당첨금, 출산장려금

7) 공해의 시장가치

8) 주식가격 상승

ISSUE 03 GDP vs GNP vs GNI

1 국내총생산(GDP) vs 국민총생산(GNP)

1) 산식

① 국내총생산(GDP) − 대외지급 요소소득 + 대외수취 요소소득 = 국민총생산(GNP)

② 국내총생산(GDP) + 대외순수취 요소소득 = 국민총생산(GNP)

2) 특징

① 고용수준에 중점, 국내총생산(GDP) 지표가 생산지표로서 우월

② 후생수준에 중점, 국민총생산(GNP) 지표가 소득지표로서 우월

③ 해외직접투자가 증가함에 따라서 국내총생산(GDP) 지표가 중요

④ 실질무역손익에 따라 국민총생산(GNP) 지표의 소득지표로서 한계, GNI 도입

3) 사례

① 미국회사에 취직한 한국인이 실직한 경우
→ 한국 GNP, GNI 감소, 미국 GDP 감소

② 대외지불 요소소득이 대외수취 요소소득보다 큰 경우
→ GDP가 GNP보다 크다.

③ 대외지불 요소소득이 대외수취 요소소득보다 작은 경우
→ GDP가 GNP보다 작다.

④ 미국인이 한국에서 취직, 연봉을 받았고, 한국 어학원에서 한국어 배운 경우
→ 미국인 연봉과 한국어 교습비는 GDP에 포함, 한국어 교습비는 GNI에 포함

⑤ 한국회사가 미국에 공장을 설립하여 대부분 미국인을 고용한 경우
→ 미국 GDP와 GNP 모두 증가, 그런데 미국 GDP 증가분 > 미국 GNP 증가분
→ 새로 미국에 공장을 설립 : 한국 GDP 불변, 한국 GNP 증가
→ 원래 한국에 있던 공장이 이전 : 한국 GDP 감소분 < 한국 GNP 감소분

⑥ A국에서 작년 생산된 재고를 올해 B국이 수입하여 B국 내에서 판매한 경우
→ A국 : 올해 재고투자 감소, 수출 증가, GDP 불변
→ B국 : 올해 수입 증가, 소비 증가, GDP 불변

2 국내총생산(GDP) vs 국내총소득(GDI)

1) 산식

① 국내총생산(GDP) + 실질 무역손익 = 국내총소득(GDI)
② 국민총생산(GNP) − 대외순수취요소소득 + 실질 무역손익 = 국내총소득(GDI)

2) 특징

① 수출품 가격이 하락하면, 실질 무역손실이 발생
② 수출품 가격이 상승하면, 실질 무역이득이 발생

3 국민총생산(GNP) vs 국민총소득(GNI)

1) 산식

① 국민총생산(GNP) + 실질무역손익 = 국민총소득(GNI)
② 국내총생산(GDP) + 대외순수취 요소소득 = 국민총생산(GNP)
③ 국내총생산(GDP) + 실질무역손익 = 국내총소득(GDI)
④ 국내총소득(GDI) + 대외순수취 요소소득 = 국민총소득(GNI)

2) 특징

① 국내외 생산과정에 참여한 대가를 의미
② 일국 국민의 복지수준을 측정한다는 점에서 국내총생산보다는 국민총소득이 우월
③ 명목값의 경우 둘은 일치 → 명목 GNP = 명목 GNI

ISSUE 04 명목 GDP와 실질 GDP

1 명목 GDP와 실질 GDP

1) 명목국내총생산(명목 GDP) = 비교시점가격 × 비교시점수량

2) 실질국내총생산(실질 GDP) = 기준시점가격 × 비교시점수량

3) 기준시점의 경우 명목 GDP와 실질 GDP가 일치

4) 실질국내총생산은 물가변동의 효과를 제거한 개념으로서 미리 정해진 기준시점의 가격을 기초로 하여 구해지기 때문에 시점 간 생산량의 변화 추이만 반영

5) 기준시점 이후 물가가 상승하는 기간에는 명목 GDP가 실질 GDP보다 큼

6) 경제의 전반적인 생산활동의 수준을 나타내는 지표로서 명목국내총생산보다 실질국내총생산이 더욱 적합

7) 경제성장률을 구하거나 대부분의 경우에 사용되는 지표는 실질 GDP

2 명목 GDP와 실질 GDP의 활용

1) 경제성장률 계산에 활용

① 실질 GDP는 비교시점의 물량을 기준시점의 가격을 기준으로 하여 계산

② 실질 GDP성장률(경제성장률)은 기준시점의 실질 GDP와 비교시점의 실질 GDP를 각각 구하여 그 증가율을 계산

2) 물가상승률 계산에 활용

① 대표적인 물가상승률 지표인 GDP 디플레이터는 명목 GDP와 실질 GDP의 비율

② 현재시점의 상품바스켓을 기준시점 가격과 비교시점 가격으로 평가한 비율

ISSUE 05 물가지수

1 소비자물가지수와 생산자물가지수

1) 산식 : $CPI = \dfrac{\Sigma P_t Q_0}{\Sigma P_0 Q_0} = \dfrac{비교시점 가격 \times 기준시점 수량}{기준시점가격 \times 기준시점 수량}$

2) 방식

① 기준시점의 물가를 100으로 두고, 비교시점의 물가를 구하므로 물가상승도 포함

② 기준시점의 수량을 가중치로 두는 라스파이레스 방식

3) 특징

① 기준연도가 바뀌지 않는 한, 가중치가 고정

② 가격 상승 시 대체효과를 반영하지 못하므로 물가지수 과장

③ 거래량 증가, 가격 하락, 성능 향상이 나타날 경우 물가지수 과장

④ 소비재 500여 개(수입품 포함), 원자재 및 자본재 1,000여 개를 대상

⑤ 대표적 소비자와 특정가계 간 생계비 변화 괴리 가능성

2 GDP 디플레이터

1) 산식 : $GDP\ 디플레이터 = \dfrac{명목 GDP}{실질 GDP} = \dfrac{\Sigma P_t Q_t}{\Sigma P_0 Q_t} = \dfrac{비교시점 가격 \times 비교시점 수량}{기준시점가격 \times 비교시점 수량}$

2) 방식

① 기준시점의 물가를 100으로 두고, 비교시점의 물가를 구하므로 물가상승도 포함

② 비교시점의 수량을 가중치로 두는 파셰(Paasche) 방식

3) 특징

① 국내에서 생산된 모든 상품을 고려하는 총체적 물가지수

② 비교연도가 바뀜에 따라서 가중치가 변동

③ 국내에서 생산된 상품만을 대상으로 하기 때문에 수입재는 미포함

④ 생산량 변화 효과는 제거하고 기준가격과 경상가격 변화만 측정

⑤ GDP 디플레이터 상승은 생산량 증가가 아니라 가격 상승의 효과

⑥ 실질 GDP 1단위에 대한 명목 GDP의 값

ISSUE 06 물가상승률

1 물가상승률(인플레이션율)

1) 물가가 변화하는 정도를 나타내는 지표

2) 주어진 기간 동안의 물가의 변화율

3) 비교시점 물가지수와 기준시점 물가지수 간 차이를 기준시점 물가지수로 나눈 값

4) 산식 : $\pi_t = \dfrac{P_t - P_{t-1}}{P_{t-1}}$

5) 계산유형

① 연도별 소비자물가지수 데이터 주어짐 → 특정기간의 물가상승률 계산

② 연도별 거래가격, 거래량 데이터 주어짐 → 연도별 명목 GDP, 실질 GDP 구하기
→ 연도별 GDP 디플레이터 구하기 → 특정기간의 물가상승률 계산

③ 연도별 거래가격, 거래량 데이터 주어짐 → 연도별 소비자물가지수 구하기
→ 특정기간의 물가상승률 계산

2 물가상승률과 물가의 관계

1) 물가수준이 높아도 물가상승률은 낮을 수 있으며 그 역(逆)도 성립

2) 1990년대 일본은 물가수준은 높지만, 물가상승률은 매우 낮은 수준

3 대표적인 물가상승률

1) **소비자물가상승률** : 가장 표준적, 경제주체의 생활비 관점

2) **근원인플레이션**

① 예상치 못한 외부충격(석유파동, 이상 기후 등)에 의한 물가변화분을 제거
② 우리나라는 소비자물가에서 곡물 이외 농산물과 석유류의 가격변동을 제외

ISSUE 07 국민소득과 물가 복합이슈

1 GDP와 GDP 디플레이터

1) GDP

① 명목국내총생산(명목 GDP) = 비교시점가격 × 비교시점수량

② 실질국내총생산(실질 GDP) = 기준시점가격 × 비교시점수량

2) GDP 디플레이터

$$\text{GDP 디플레이터} = \frac{\text{명목 } GDP}{\text{실질 } GDP} = \frac{\Sigma P_t Q_t}{\Sigma P_0 Q_t} = \frac{\text{비교시점가격} \times \text{비교시점수량}}{\text{기준시점가격} \times \text{비교시점수량}}$$

2 물가상승률과 GDP 성장률과의 관계

1) 앞 Issue 5에서 GDP 디플레이터 $= \dfrac{\text{명목 } GDP}{\text{실질 } GDP}$ 를 아래와 같이 변형

2) 인플레이션율(물가상승률) = 명목 GDP 성장률 − 실질 GDP 성장률

3 복합이슈 유형

1) 명목 GDP, GDP 디플레이터 주어짐 → 실질 GDP 계산

2) 명목 GDP와 실질 GDP 그래프 주어짐 → 그래프에 대한 해석

① 명목 GDP와 실질 GDP 그래프는 우상향

② 명목 GDP와 실질 GDP 그래프가 교차하는 경우는 기준연도

③ 명목 GDP > 실질 GDP 구간 : GDP 디플레이터가 100보다 크며 물가상승

④ 우상향하는 실질 GDP는 경제성장률이 양임을 의미

3) 실질 GDP 증가의 해석

→ 명목 GDP 증가 혹은 GDP 디플레이터의 감소

4) 특정연도 명목 GDP, 특정기간 명목 GDP 증가율, 인플레이션율 주어짐

→ 실질 GDP 계산

CHAPTER

02

국민소득 결정이론

02 국민소득 결정이론

ISSUE 01 케인즈 모형

1 **총수요** $Y^D = C + I + G$

1) 소비 $C = a + b(Y - T)$, $0 < b < 1$, $T = T_0$ **(정액세의 경우)**, $T = T_0 + tY$ **(비례세의 경우)**

2) 투자 $I = I_0$ **(동기간에 발생한 재고 포함)**

3) 정부 $G = G_0$

① 최종재에 대한 정부지출을 의미하며 이전지출은 포함되지 않는다.
② 이전지출은 가처분소득의 구성요인이다(가처분소득 = $Y - T + TR$).

4) 개방경제의 경우, 순수출 $X - M = X_0 - M_0 - mY$

2 **국민소득의 결정** : $Y = C + I + G$

1) $Y^D = C + I + G$, $Y^S = Y$, $Y^D = Y^S$

2) 균형국민소득

① 균형조건식에 따라서 $Y = C + I + G$이며 $Y = a + b(Y - T_0) + I_0 + G_0$이 된다.

② $\therefore (1-b)Y = a - bT_0 + I_0 + G_0$ $\therefore Y = \dfrac{a - bT_0 + I_0 + G_0}{(1-b)}$

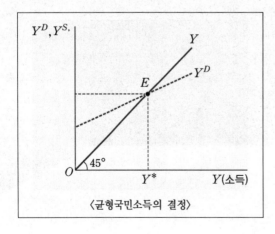

〈균형국민소득의 결정〉

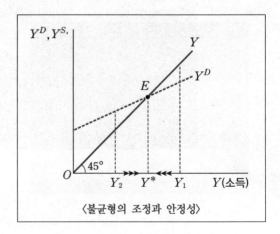

〈불균형의 조정과 안정성〉

3 균형국민소득과 완전고용국민소득

1) 균형국민소득

생산물시장의 균형을 달성시키는 국민소득으로서 노동시장의 균형, 특히 노동시장에서의 완전 고용을 보장하지는 않는 상황에서의 국민소득

2) 완전고용국민소득의 개념

노동시장에서 균형을 달성하고 완전고용을 보장하는 국민소득수준으로서 장기적으로 유지될 수 있는 총생산량이라는 의미에서 잠재생산량(potential output)이라고 함

4 인플레이션갭과 디플레이션갭

1) 인플레이션갭

① 균형국민소득이 완전고용국민소득을 초과하고 있는 상황(인플레이션)
② 이 경제가 완전고용을 달성하려면, 총수요가 감소하여 총수요곡선이 하방 이동하여야 한다.
③ 완전고용을 달성하기 위해서 감소하여야 하는 총수요의 크기를 인플레이션갭이라고 한다.

2) 디플레이션갭

① 균형국민소득이 완전고용국민소득에 미치지 못하고 있는 상황(실업)
② 이 경제가 완전고용을 달성하려면, 총수요가 증대하여 총수요곡선이 상방 이동하여야 한다.
③ 완전고용을 달성하기 위해서 증가하여야 하는 총수요의 크기를 디플레이션갭이라고 한다.

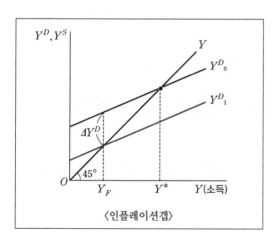

〈인플레이션갭〉

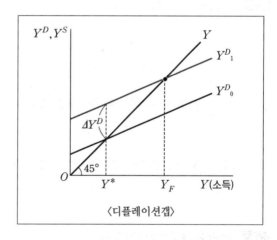

〈디플레이션갭〉

ISSUE 02 승수효과

1 승수효과의 수리적 분석

1) $Y = \dfrac{a - bT_0 + bTR_0 + I_0 + G_0}{(1-b)}$ 2) $\Delta Y = \dfrac{1}{1-b}\Delta I + \dfrac{1}{1-b}\Delta G - \dfrac{b}{1-b}\Delta T + \dfrac{b}{1-b}\Delta TR$

2 다양한 승수

1) 투자승수 $\dfrac{1}{1-b}$ 2) 정부지출승수 $\dfrac{1}{1-b}$, 이전지출승수 $\dfrac{b}{1-b}$ 3) 조세승수 $-\dfrac{b}{1-b}$

4) 비례세의 경우 $1-b$(한계저축성향) 대신 $1-b+bt$, 개방경제의 경우 $1-b$ 대신 $1-b+m$

5) 한계저축성향$(1-b)$이 크면 승수 감소

6) 균형재정승수 1

    ① 정부지출과 조세를 동일한 크기로 늘리게 되면, 현재의 재정상태 유지

    ② 늘어난 정부지출액(=늘어난 조세액)만큼 국민소득 증가($\Delta G = \Delta T = \Delta Y$)

      $\Delta Y = \dfrac{1}{1-b}\Delta G - \dfrac{b}{1-b}\Delta T = (\dfrac{1}{1-b} - \dfrac{b}{1-b})\Delta G = \Delta G = \Delta T$

    ③ 정부지출 1원 증가, 조세 1원 증가, 재정상태 유지, 국민소득 1원 증가

3 현실에서의 승수효과

1) 비례세(정률세)의 도입은 승수를 감소시킴으로써 승수효과 제약

    (승수에서 $1-b$ 대신 $1-b+bt$)

2) 수입을 고려할 경우 국내생산에 대한 소비지출의 증가가 감소하므로 승수효과가 감소

    (승수에서 $1-b$ 대신 $1-b+m$)

3) 이자율과 물가의 변동을 고려할 경우, 이자율 상승 및 물가상승에 따라 투자가 감소하므로 승수효과가 감소

4 재정의 자동안정화장치

1) 경기변동 시 국민소득의 변동성을 줄여주는 자동안정장치(automatic stabilizer)

2) 비례세 수입의 소득탄력성이 클수록, 실업보험이 갖춰질수록 효과가 크다.

ISSUE 03 고전학파 모형

1 총공급 $Y^S = Y = Y_F$

1) 노동시장의 균형과 총생산함수

2) 완전고용국민소득

2 국민소득의 결정 : $Y_F = C + I + G$

1) $Y^S = Y = Y_F$, $Y^D = C + I + G = C(r) + I(r) + G_0$, $Y^S = Y^D$

2) **균형국민소득**

    ① 균형국민소득은 노동시장과 총생산함수에 따라 완전고용국민소득으로 결정

    ② 정부지출이 증가할 경우 민간의 소비나 투자를 감소시키는 구축효과가 발생

    ③ 균형국민소득의 결정요인은 오로지 공급 측 요인으로서 총공급만이 국민소득을 결정

    ④ 노동시장에서 임금의 신축성에 의하여 항상 완전고용이 달성되기 때문에 거시경제의 균형
       국민소득은 완전고용국민소득이 되며 이를 잠재국민소득이라고 함

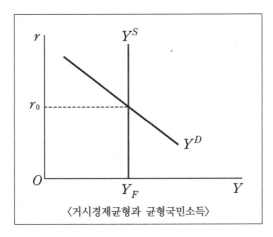

〈거시경제균형과 균형국민소득〉

3 대부자금시장

1) $Y_F = C + I + G$를 변형하면, $(Y_F - T - C) + (T - G) = I$가 된다.

2) 대부자금공급 : 총저축 $S = S(r) = (Y_F - T - C) + (T - G)$

① 민간저축 $(Y_F - T - C)$, 소비가 외생적으로 감소하면 민간저축 증가

② 정부저축 $(T - G)$, 정부지출이 외생적으로 증가하면 정부저축 감소

3) 대부자금수요 : 총투자 $I = I(r)$

4) 대부자금시장의 균형

① $S(r) = I(r)$

② 거시경제의 균형과 대부자금시장 균형은 동일하며, 대부자금시장의 균형이 이자율에 의하여 달성되는 것처럼 거시경제균형도 이자율에 의하여 수요 및 공급의 균형이 달성

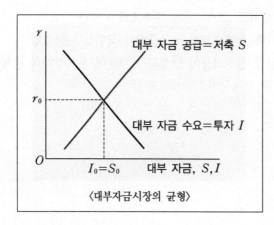

〈대부자금시장의 균형〉

5) 대부자금시장의 기능

① 세이의 법칙에서 공급이 수요를 창출하게 되는 근거는 대부자금시장에서의 신속한 이자율 조정에 달려 있음

② 가계부문에서 수요가 되고 남은 부분, 즉 저축부분은 대부자금시장을 통해서 기업부문으로 유입되고 기업부문은 차입한 대부자금을 가지고 가계부문에서 수요되고 남은 부분을 수요하게 됨

③ 따라서 공급된 생산물은 결국 가계부문과 기업부문에서 하나도 빠짐없이 수요되어 균형을 이루게 됨

4 정부지출 증가의 효과

1) 정부지출 증가는 정부저축의 감소로서 총저축의 감소를 가져온다.

2) 총저축이 감소하면 대부자금시장의 이자율이 상승한다.

3) 이자율 상승으로 민간저축이 증가하여 소비가 감소하고 투자가 감소한다.

4) 정부지출의 증가는 소비 감소, 투자 감소를 가져와서 완전 구축의 효과를 갖는다.

5) 균형국민소득이 완전고용 국민소득 수준에서 고정되어 있는 상황에서 정부지출이 증가하면 대부
   자금시장에서 대부자금의 공급이 감소하기 때문에 이자율이 상승하고 이로 인해 소비 및 투자가
   감소하며, 이를 가리켜 정부지출이 소비와 투자를 완전히 구축했다고 표현함

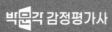
박문각 감정평가사

CHAPTER

03

국민소득과
이자율 결정이론

국민소득과 이자율 결정이론

ISSUE 01 IS-LM 모형

1 $IS-LM$ 모형

1) IS곡선

① 생산물 시장의 균형조건식에서 도출

② $Y^D = Y^S$ ∴ $a + bY + I_0 + cr + G_0 = Y$ ∴ $r = \dfrac{(1-b)}{c}Y - \dfrac{(a + I_0 + G_0)}{c}$

2) LM곡선

① 화폐시장의 균형조건식에서 도출

② $\dfrac{M^D}{P} = \dfrac{M^S}{P}$ ∴ $kY - lr = \dfrac{M_0}{P}$ ∴ $r = \dfrac{k}{l}Y - \dfrac{M_0}{Pl}$

2 IS곡선의 기울기

1) IS곡선의 기울기 $\dfrac{(1-b)}{c}$ (단, b : 한계소비성향, c : 투자의 이자율 탄력성)

2) IS곡선의 기울기에 영향을 미치는 요인

① 투자의 이자율 탄력성이 작을수록 IS곡선은 가파름
② 한계소비성향이 작을수록 IS곡선은 가파름

3 IS곡선의 이동

1) IS곡선의 절편 $-\dfrac{(a + I_0 + G_0)}{c}$ (단, a : 독립소비, I_0 : 독립투자, G_0 : 정부지출)

2) IS곡선의 이동에 영향을 미치는 요인

① 독립소비, 독립투자, 정부지출, 수출이 증가하면 IS곡선은 우측으로 이동
② 조세, 수입(import)이 증가하면 IS곡선은 좌측으로 이동

4 LM곡선의 기울기

1) LM곡선의 기울기 $\dfrac{k}{l}$ (단, k : 화폐수요의 소득탄력성, l : 화폐수요의 이자율 탄력성)

2) LM곡선의 기울기에 영향을 미치는 요인

 ① 화폐수요의 소득탄력성이 작을수록 LM곡선은 완만

 ② 화폐수요의 이자율 탄력성이 클수록 LM곡선은 완만

 ③ 특히 유동성함정에서 LM곡선은 수평이 된다.

5 LM곡선의 이동

1) LM곡선의 절편 $-\dfrac{M_0}{Pl}$ (단, M_0 : 화폐공급량, l : 화폐수요의 이자율 탄력성)

2) LM곡선의 이동에 영향을 미치는 요인

 ① 화폐공급이 증가하면 LM곡선은 우측으로 이동

 ② 화폐수요가 증가하면 LM곡선은 좌측으로 이동

6 $IS - LM$ 모형의 불균형

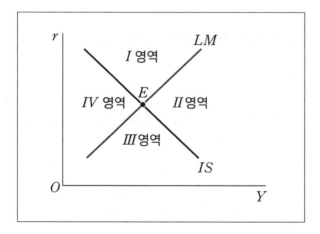

 ① Ⅰ영역 : 재화시장 초과공급, 화폐시장 초과공급

 ② Ⅱ영역 : 재화시장 초과공급, 화폐시장 초과수요

 ③ Ⅲ영역 : 재화시장 초과수요, 화폐시장 초과수요

 ④ Ⅳ영역 : 재화시장 초과수요, 화폐시장 초과공급

ISSUE 02 IS - LM 균형의 계산

1 생산물시장과 화폐시장의 동시균형

1) 의의 : 생산물시장 및 화폐시장에서 균형국민소득, 균형이자율의 동시적 결정

2) 기하적 도출 : IS곡선과 LM곡선의 교점

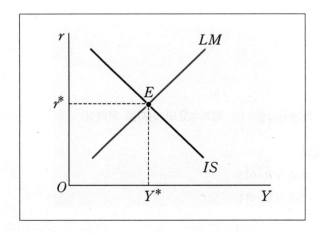

2 균형의 수리적 도출

1) IS곡선의 방정식, LM곡선의 방정식으로 이루어진 연립방정식의 해집합

① IS곡선 $r = \dfrac{(1-b)}{c}Y - \dfrac{(a+I_0+G_0)}{c}$ (단, b : 한계소비성향, c : 투자의 이자율 탄력성)

② LM곡선 $r = \dfrac{k}{l}Y - \dfrac{M_0}{Pl}$ (단, k : 화폐수요의 소득탄력성, l : 화폐수요의 이자율 탄력성)

③ 이를 연립하여 풀면 된다.

2) 균형

① 균형국민소득과 균형이자율 계산

② 정부지출의 변화에 따른 균형의 변화분 계산

③ 특정한 균형국민소득과 균형이자율을 달성시키는 화폐공급 계산

ISSUE 03 IS - LM 모형과 재정정책

1 정부지출 증가의 효과 : 국민소득 증가, 이자율 상승

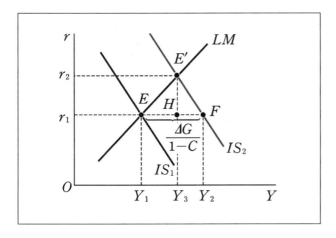

1) 확장적 통화정책과 달리 정책의 집행에 긴 시간이 소요될 수 있다.

2) 확장적 재정정책을 통해 이자율이 상승, 원화가치가 상승하여 수출에 부정적 효과

2 구축효과

1) 정부지출의 증가가 이자율을 상승시켜 투자를 감소시키고 국민소득을 감소시키는 효과

2) IS곡선이 가파를수록, LM곡선이 완만할수록 구축효과는 작다.

3 재정정책의 유효성과 IS, LM곡선의 기울기

1) **IS곡선이 가파를수록 구축효과는 작고 재정정책의 효과는 크다.**

   ① IS곡선의 기울기 $\dfrac{(1-b)}{c}$ (단, b : 한계소비성향, c : 투자의 이자율 탄력성)

   ② 투자의 이자율 탄력성이 작을수록 IS곡선은 가파르다.

2) **LM곡선이 완만할수록 구축효과는 작고 재정정책의 효과는 크다.**

   ① LM곡선의 기울기 $\dfrac{k}{l}$ (단, k : 화폐수요의 소득탄력성, l : 화폐수요의 이자율 탄력성)

   ② 화폐수요(투기적 수요)의 이자율 탄력성이 클수록 LM곡선은 완만하다.

ISSUE 04 IS – LM 모형과 통화정책

1 통화량 증가의 효과 : 국민소득 증가, 이자율 하락

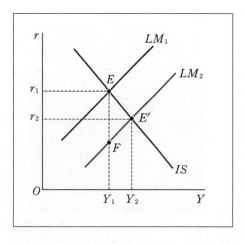

1) 확장적 재정정책과 달리 정책의 집행에 긴 시간이 소요되지는 않지만, 전달에 시간이 소요

2) 확장적 통화정책을 통해 이자율이 하락, 투자가 증가하여 총수요 증가

3) 확장적 통화정책을 통해 이자율이 하락, 원화가치 하락, 순수출 증가하여 총수요 증가

2 통화정책의 유효성과 *IS, LM*곡선의 기울기

1) *IS*곡선이 완만할수록 통화정책의 효과는 크다.

① *IS*곡선의 기울기 $\dfrac{(1-b)}{c}$ (단, b : 한계소비성향, c : 투자의 이자율 탄력성)

② 투자의 이자율 탄력성이 클수록 *IS*곡선은 완만하다.

2) *LM*곡선이 가파를수록 통화정책의 효과는 크다.

① *LM*곡선의 기울기 $\dfrac{k}{l}$ (단, k : 화폐수요의 소득탄력성, l : 화폐수요의 이자율 탄력성)

② 화폐수요(투기적 수요)의 이자율 탄력성이 작을수록 *LM*곡선은 가파르다.

ISSUE 05 재정 · 통화정책의 상대적 유효성 및 학파별 견해

1 $IS-LM$ 모형과 재정 및 통화정책의 상대적 유효성

구분	재정정책이 상대적으로 유효	통화정책이 상대적으로 유효
IS곡선의 기울기 $\dfrac{(1-b)}{c}$	c 작을수록	c 클수록
LM곡선의 기울기 $\dfrac{k}{l}$	l 클수록	l 작을수록

2 정책혼합(policy mix)

1) 확대재정정책과 확대통화정책은 이자율에 미치는 영향이 상이하다.

2) 어느 한 정책이 이자율·소득에 미치는 영향을 줄이려고 한다면 정책혼합(Mix)도 가능하다.

3 케인즈 학파

1) 재정정책은 효과가 크지만, 통화정책은 효과가 없다.

2) 정부지출 증가는 승수효과를 통해 국민소득을 증가시키지만,
   통화량 증가는 이자율만 하락시키고 국민소득에 영향을 주지 못한다.

3) 극단적으로 화폐수요는 이자율에 대하여 완전탄력적이어서 LM곡선은 수평이고,
   투자는 이자율에 대하여 완전비탄력적이어서 IS곡선은 수직이다.

4 통화주의 학파

1) 통화정책은 효과가 크지만, 재정정책은 효과가 없다.

2) 정부지출 증가는 이자율을 상승시켜 구축되므로 국민소득을 증가시키지 못하지만,
   통화량 증가는 이자율을 하락시켜 투자를 증가시키므로 국민소득을 증가시킨다.

3) 극단적인 경우, 화폐수요는 이자율에 대하여 완전비탄력적이어서 LM곡선은 수직이고,
   투자는 이자율에 대하여 완전탄력적이어서 IS곡선은 수평이다.

ISSUE 06 IS - LM 모형과 유동성함정

1 유동성함정과 승수효과/구축효과

1) 한 경제의 이자율이 매우 낮은 수준이라고 경제주체들이 공통적으로 생각할 때, 통화당국이 통화량을 증가시킬 경우 그 증가된 통화량은 모두 투기적 화폐수요로 흡수된다(화폐수요의 이자율 탄력성이 무한대).

2) 따라서 LM곡선이 수평이 되는데 이러한 영역을 유동성함정이라고 한다.

3) 즉, 유동성함정은 이자율이 매우 낮은 수준일 경우, 화폐수요가 무한히 증가하는 영역이다.

4) 유동성함정이 나타날 경우 재정정책은 최대로 효과가 나타나지만, 통화정책은 효과가 없다.

2 유동성함정과 피구효과

1) 피구에 의하면, 민간의 소비함수는 자산의 증가함수이다.

2) 따라서 물가가 하락하면 민간의 실질자산이 증가하고, 민간소비는 자산의 증가함수이므로 자산 증가에 따라 소비가 증가하므로 결국 총수요가 증가하게 된다.

3) 피구효과를 IS곡선에 반영할 경우 물가하락 시 수요증가로 인하여 우측으로 이동시킨다.

4) 따라서 경제가 유동성함정에 있더라도 통화정책을 통해서 물가가 변화하고 IS곡선이 이동하여 국민소득에 영향을 줄 수 있다. 즉, 유동성함정 시 통화정책의 유효성을 높여준다.

3 유동성함정과 인플레이션 기대효과

1) 지속적인 확대통화정책을 시행할 경우 기대인플레이션율이 상승한다.

2) 실질자산에 대한 수요가 증가하여 실질자산가격 상승 및 공급량이 늘어나면 실질자산에 대한 보수인 실질이자율이 하락한다.

3) 실질이자율 하락은 투자의 증가를 가져와서 총수요가 증가한다.

4) 따라서 유동성함정하에서도 IS곡선이 이동하여 소득 증가가 가능해진다.

CHAPTER

04

국민소득과
물가 결정이론

국민소득과 물가 결정이론

AD곡선의 도출

1 총수요곡선이 우하향하는 이유

1) 케인즈의 이자율효과

물가상승 → "실질"통화량 감소 → 이자율 상승 → 투자 감소 → 총수요 감소

2) 피구의 실질잔고효과(자산효과)

물가상승 → "실질"자산가치 감소 → 부의 감소 → 소비 감소 → 총수요 감소

3) 먼델의 환율효과

물가상승 → "실질"통화량 감소 → 이자율 상승 → 화폐가치 상승 → 순수출 감소 → 총수요 감소

2 총수요의 증가

1) 실질자산가치 상승

2) 이자율 하락

3) 화폐가치 하락

4) 재정적자

3 총수요곡선의 기울기

1) IS곡선이 가파른 경우(투자의 이자율 탄력성이 작은 경우)

물가하락 시 실질통화량 증가 → 이자율 하락 → 투자 작게 증가 → 총수요 작게 증가
→ 총수요 곡선이 가파름

2) LM곡선이 완만한 경우(화폐수요의 이자율 탄력성이 큰 경우)

물가하락 시 실질통화량 증가 → 이자율 작게 하락 → 투자 작게 증가 → 총수요 작게 증가
→ 총수요 곡선이 가파름

ISSUE 02 AS곡선의 도출

1 총공급곡선이 우상향하는 이유 : 총공급곡선의 학파별 도출

1) **고전학파** : 가격신축성 → 수직인 총공급곡선

2) **케인즈** : 가격경직성 → 수평인 총공급곡선

3) **케인즈학파** : 화폐환상모형(노동자 물가오인모형), 임금경직성모형 → 우상향하는 총공급곡선

4) **새고전학파** : 불완전정보모형(기업 물가오인모형) → 우상향하는 총공급곡선

5) **새케인즈학파** : 가격경직성 모형 → 우상향하는 총공급곡선

2 화폐환상모형(노동자의 물가오인모형)

1) 물가상승 시 노동자는 극단적인 경우 물가상승을 알아차리지 못해서 명목임금 인상을 요구하지 않으므로 이는 실질임금 하락에도 불구하고 불변이라고 착각

2) 노동자는 노동공급을 예전처럼 동일하게 유지

3) 그러나 기업은 물가상승 시 바로 물가상승을 인지하고 이에 따라 노동수요 증가

4) 따라서 물가상승 시 노동공급은 불변, 노동수요는 증가하여 노동고용량 증가, 생산량 증가

3 임금경직성 모형

1) 명목임금이 유지되는 계약기간 동안 실제고용수준은 사후적으로 기업의 노동수요가 결정

2) 명목임금이 유지되는 기간 동안에 물가상승 시 실질임금은 하락

3) 실질임금의 하락으로 인하여 기업의 노동수요는 증가, 고용량이 증가하여 생산량 증가

4) 기대를 반영한 모형에서는 실제물가가 예상물가보다 높으면, 기업이 실제로 지불하게 되는 실질임금이 계약상 실질임금보다 낮아져서 기업의 고용이 증가하여 생산량 증가

4 루카스의 불완전정보 모형

1) 물가상승 시 기업들은 불완전한 정보로 인하여, 자신들의 생산물 가격 상승이 물가상승에 기인한 것임을 모르고 생산물의 상대가격 상승으로 오인

2) 기업들은 자신이 생산하고 있는 생산물 가격 상승에 대응하여 생산량 증가

5 새케인즈학파의 가격경직성 모형

1) 물가상승 시 기업이 생산하는 생산물의 비용이 상승하므로 가격 인상요인이 발생

2) 메뉴비용이 존재하지 않는 기업들은 가격을 인상

3) 메뉴비용이 존재하는 기업들은 가격을 유지한 상태에서 산출량을 증대

4) 따라서 물가상승 시 총공급은 증가

ISSUE 03 AD – AS 모형의 균형과 이동요인

1 $AD-AS$ 모형의 균형과 이동

1) 거시경제 일반균형

① 기하적으로 AD 곡선과 AS 곡선이 만나는 교점에서 거시경제의 일반균형이 달성된다.

② 수리적으로 AD 곡선의 방정식과 AS 곡선의 방정식을 연립하여 푼 해집합이 균형이다.

2) 어떤 충격 혹은 정책에 의하여 AD, AS 곡선이 이동하는 경우 균형이 변화한다.

2 총수요곡선의 이동요인

1) 정부의 총수요관리정책

① 정부지출 증가 시 IS 곡선 우측 이동, AD 곡선 우측 이동

② 통화량 증가 시 LM 곡선 우측 이동, AD 곡선 우측 이동

2) 기타 총수요충격

① 실질자산가치 상승   ② 조세 감면, 이전지출 축소   ③ 화폐수요 감소

3 총공급곡선의 이동요인

1) 물가에 대한 예상의 변화

① 기대물가가 상승하는 경우 총공급곡선은 상방 이동

② 기대물가가 하락하는 경우 총공급곡선은 하방 이동

2) 기타 총공급충격

① 원자재가격 상승, 임금의 상승   ② 가뭄, 파업 등   ③ 재고관리 효율성 증가, 신기술 개발

4 장기총공급곡선의 이동요인

1) 노동인구의 변동   2) 자본량의 변동   3) 기술지식의 변동

cf 장기는 실제물가와 예상물가가 일치하므로 예상물가의 변동은 장기총공급곡선과 무관

cf 총수요관리정책은 장기총공급에는 영향을 미치기 어렵다.

ISSUE 04 공급충격에 의한 거시경제균형의 변화

1 부의 공급 측 충격

1) 원인 : 유가 상승, 원자재 가격 상승 등 불리한 공급충격

2) 효과 : 총공급곡선 좌상방 이동

   ① 물가 상승

   ② 생산 감소, 실업률 상승

   ③ 스태그플레이션(경기침체 상태에서의 인플레이션)

3) 부의 공급 측 충격과 총수요관리정책

   ① 확대재정정책(확대통화정책) : 생산 증대(이전 생산 복귀), 물가 더욱 상승

   ② 축소통화정책(공개시장매각) : 생산 더욱 감소, 물가 하락(이전 물가 복귀), 실업률 상승

   ③ 총수요관리정책으로 물가 및 생산량 안정을 동시에 달성 불가

   ④ 재정정책과 통화정책의 두 정책은 상충

   ⑤ 재정정책과 통화정책은 장기총공급에는 영향을 미치기 어렵다.

4) 총공급관리정책

   ① 단기적, 비상시 대응 : 명목임금 통제(소득정책, incomes policy) → 총공급곡선 하방 이동

   ② 장기적 : 연구개발지원 등을 통한 생산성 향상 → 총공급곡선 하방 이동

2 정의 공급 측 충격

1) 원인 : 해외로부터 숙련노동자의 이민 유입

2) 효과 : 총공급곡선의 우측 이동

   ① 단기적 : 단기총공급곡선 우측 이동, 물가 하락, 산출 증가

   ② 장기적 : 장기총공급곡선 우측 이동, 물가 하락, 산출 증가

ISSUE 05 수요충격과 복합충격에 의한 거시경제균형의 변화

1 총수요 충격

1) 원인 : 화폐수요감소 충격

2) 효과

① 단기 : 총수요곡선 우측 이동, 실질국민소득 증가, 물가상승, 인플레이션갭

② 장기 : 기대물가 상승, 단기총공급곡선 상방 이동, 실질국민소득 다시 감소, 최초 수준 복귀

3) 경기안정화 정책

① 총수요 감축하는 재정정책 : 정부지출 감소, 조세 증가

② 총수요 감축하는 통화정책 : 공개시장 매도

2 복합적 충격

1) 수요 측 충격

① 원인 : 주가 폭락 충격

② 효과 : 주가 폭락으로 소비 및 투자 위축, 총수요곡선 좌측 이동

2) 공급 측 충격

① 원인 : 해외로부터 숙련노동자의 이민 유입

② 효과

ⅰ) 단기적 : 단기총공급곡선 우측 이동

ⅱ) 장기적 : 장기총공급곡선 우측 이동

3) 복합적 효과

① 단기 : 물가는 하락하지만, 산출은 불분명

② 장기 : 물가 하락, 산출 증가

박문각 감정평가사

CHAPTER

05

실업과 인플레이션

실업과 인플레이션

ISSUE 01 실업의 개념과 분류

1 실업의 개념

1) 일할 능력과 의사가 있음에도 불구하고 직장을 갖지 못한 사람 : 실업자

2) 일할 능력과 의사가 있는 사람이 직장을 갖지 못한 상태 : 실업

2 실업의 종류

1) **탐색적, 마찰적 실업(frictional unemployment)**

① 직장을 탐색하고 옮기는 과정에서 발생하는 실업

② 정보의 불완전성이라는 마찰 때문에 발생

③ 완전고용상태에서도 나타나는 실업

④ 자발적 실업(voluntary unemployment)

⑤ 자연실업률 측정 시 포함되는 실업

2) **구조적 실업(structural unemployment)**

① 산업구조의 재편 등 경제구조의 변화로 인하여 발생하는 실업

② 넓은 의미에서 마찰적 실업의 일종, 기술이 부족한 노동자에게 발생

③ 비자발적 실업(involuntary unemployment)

④ 비자발적 실업의 주된 원인은 임금의 경직성

⑤ 자연실업률 측정 시 포함되는 실업

※ 구조적 실업에서 산업구조의 재편, 경제구조의 변화를 광의로 해석하면 각종 정부정책이나 기업의 고용정책이나 임금정책에 의하여도 실업이 발생할 수 있는데 이런 실업도 넓은 의미에 서 구조적 실업에 포함된다. 예를 들면 정부의 최저임금제에 따라서 노동시장에서는 만성적인 노동초과공급이 나타나면서 실업이 발생하는데 이도 구조적 실업의 일종이며, 기업의 효율적 임금 지급에 의하여 나타나는 노동초과공급도 구조적 실업으로 볼 수 있다.

3) 경기적 실업(cyclical unemployment)

① 경기침체 때문에 발생하는 실업

② 실업률이 자연실업률을 중심으로 이탈과 회귀를 반복하는 현상

③ 비자발적 실업(involuntary unemployment)

④ 비자발적 실업의 주된 원인은 임금의 경직성

3 실업과 국민소득의 관계 : 오쿤의 법칙

1) 실업률의 변동은 총생산의 변동과 밀접하나 실업률의 변동은 총생산의 변동에 비하여 작다.

2) 오쿤의 법칙

① 총생산과 실업률 간의 관계

② 실업률갭 = 실업률 − 자연실업률

③ 총생산갭 = $\dfrac{\text{총생산} - \text{완전고용생산}}{\text{완전고용생산}}$

④ 실업률갭 = $-0.5 \times$ 총생산갭

ISSUE 02 실업률 계산

1 실업의 측정

1) 15세 이상의 생산가능인구 = 경제활동인구 + 비경제활동인구

2) 경제활동인구 = 취업자 + 실업자

3) 비경제활동인구 = 환자, 고령자, 주부, 학생, 구직포기자(실망실업자)

   cf 군복무자, 수형자는 조사대상에서 제외, 즉 비경제활동인구 아님

4) **취업자**

   ① 일할 능력도 있고, 일할 의사도 있고, 취업함

   ② 조사대상 기간, 1주일에 1시간 이상, 수입을 목적으로, 일을 한 사람이 취업자
      (ILO 국제노동기구 권고사항이지만, 불완전한 고용상태의 노동자를 취업자로 간주하는 문제
      가 있기 때문에 경우에 따라서는 1주일에 8시간 이상 기준을 적용할 수도 있다.)

   ③ 무급가족종사자가 1주일에 18시간 이상 일을 한 경우는 취업자

      cf 무급가족종사자가 1주일에 18시간 미만 일을 한 경우에, 구직활동을 하고 있다면 실업자,
      구직활동을 하고 있지 않다면 비경제활동인구

   ④ 휴직자도 포함

5) **실업자**

   ① 일할 능력도 있고, 일할 의사도 있으나, 취업하지 못함

   ② 조사대상 기간, 지난 4주간 적극적 구직활동을 하였으나, 수입 있는 일을 하지 못했고, 일이
      주어질 경우 즉시 일할 수 있는 경우

2 실업관련지표

1) **경제활동참가율**

   ① 15세 이상 인구(생산가능인구) 중에서 경제활동인구(= 취업자 + 실업자)가 차지하는 비율

   ② 경제활동인구 / 생산가능인구

   ③ 경제활동인구 / (경제활동인구 + 비경제활동인구)

2) 실업률

① 경제활동인구 중에서 실업자가 차지하는 비율
② 실업자 / 경제활동인구
③ 실업자 / (실업자 + 취업자)
④ 고령자, 환자, 주부, 학생, 실망실업자(구직단념자) 등 비경제활동인구는 실업자가 아니다.
⑤ 실망실업자를 실업률 계산에서 제외하기 때문에 실업률이 실제 실업상태를 과소평가
⑥ 실망실업자를 실업자로 분류할 경우 실업률이 더 높아진다.
⑦ 실망실업자를 실업자로 분류할 경우 경제활동참가율은 더 높아진다.
⑧ 실망실업자를 실업자로 분류하더라도 고용률은 불변이다.
⑨ 실업자가 구직활동을 포기하고 실망실업자로 되는 경우 실업률은 하락

3) 고용률

① 생산가능인구 중에서 취업자가 차지하는 비율
② 취업자 / 생산가능인구
③ 취업자 / (실업자 + 취업자 + 비경제활동인구)

4) 경제활동참가율, 실업률, 고용률 간의 관계

① 고용률 = 경제활동참가율 × (1 − 실업률)
② 경제활동참가율과 실업률이 주어지면 고용률을 알 수 있다.
③ 경제활동참가율이 일정할 때 실업률이 높아지면 고용률이 낮아진다.
④ 경제활동참가율은 고용률의 달성가능한 최대치이다.
⑤ 경제활동참가율과 고용률의 차이는 고용률이 추가로 최대한 늘어날 수 있는 %포인트이다.

5) 실업률 계산 Frame

15세 이상 생산가능인구(P)	경제활동인구(L)	취업자(E)	임금근로자
			질병휴직자
			무급가족종사자 (18시간 이상)
		실업자(U)	
	비경제활동인구(NL)	주부	
		학생(대학원생, 진학준비생, 취업준비생)	

ISSUE 03 자연실업률의 결정

1 자연실업률의 정의

1) 균형, 균제에서의 실업률, 노동시장이 균형(안정상태)을 이룰 경우의 실업률

2) 완전고용상태에서의 실업률, 완전고용GDP · 잠재GDP일 때의 실업률

3) 마찰적 실업과 구조적 실업만 존재할 때의 실업률

2 자연실업률의 측정 = 마찰적 실업률 + 구조적 실업률

3 자연실업률 결정모형(매칭모형)

1) 가정

① 경제활동인구 L(외생적으로 주어짐)

② 취업자수 E, 실업자수 $U = L - E$

③ 실업률 U/L

④ 실직률과 구직률

  ⅰ) s(실직률) : 주어진 기간에 취업자 중 직업을 잃는 비율

  ⅱ) f(구직률) : 주어진 기간에 실업자 중 직업을 얻는 비율

⑤ 취업자수와 실업자수의 변동

  ⅰ) 취업자 → 실업자 : 취업자군 E → 실직하게 됨 sE → 실업자군으로 편입됨

  ⅱ) 실업자 → 취업자 : 실업자군 U → 구직하게 됨 fU → 취업자군으로 편입됨

2) 자연실업률의 결정

$sE = fU$, $E = L - U$를 대입, $\therefore \dfrac{U}{L} = \dfrac{s}{s+f}$ 즉, 자연실업률 $= \dfrac{\text{실직률}}{\text{실직률} + \text{구직률}}$

4 자연실업률의 결정요인

1) **실업보험** : 실업보험이 있을 경우 자연실업률이 상승

2) **노동시장의 구조 및 제도**

① 취업알선기관과 직업훈련기관이 잘 정비되어 있고 취업정보가 효율적으로 전달되는 경우 취업률이 상승하고 실업률은 낮아지게 된다.

② 노동시장의 구조 및 제도로 인하여 직장탐색기간이 줄어들기 때문이다.

ISSUE 04 비자발적 실업의 원인

1 명목임금의 경직성

1) 최저임금제

특히 최저임금이 시장균형임금보다 높게 책정되어 있는 경우, 노동시장은 불균형이다.

2) 장기임금계약

명목임금기준으로 장기계약, 일단 계약이 맺어지면 계약기간 동안에는 다른 경제상황이 발생하더라도 임금은 조정되지 않는다.

3) 중첩임금계약(staggered wage contracts)

명목임금의 경직성, 즉 경제에 충격이 발생하더라도 임금이 서서히 조정되는 이유를 다양한 임금계약이 동시에 발생하는 것이 아니라 서로 중첩되어 이루어지고 있는 데에서 찾는다.

2 실질임금의 경직성

1) 암묵적 계약이론

① 현실에서 노동계약서에 모든 내용이 명시되지는 않으며 이는 암묵적 계약을 의미
② 노동자와 기업 양자 모두 암묵적인 동의하에 실질임금을 고정시켜 놓는 계약을 한 것

2) 내부자−외부자이론

① 현실에서 노동시장은 내부시장과 외부시장으로 분리되어 있기 때문에 내부자에 의해 높은 수준의 실질임금이 책정되어 있음에도 불구하고 외부자는 내부시장에 진입불가
② 이러한 높은 수준의 실질임금에 의해 노동시장의 불균형이 발생하고 비자발적 실업은 지속
③ 노조가입 여부, 실업의 이력현상(히스테리시스)으로 실업이 발생
　ⅰ) 실업의 이력현상에 따르면 장기불황 시 자연실업률이 상승 가능
　ⅱ) 실업의 이력현상에 따르면 거시경제정책이 장기적으로 실업률에 영향

3) 효율적 임금이론

① 기업은 노동자들의 높은 생산성을 유도하기 위해 균형실질임금보다 더 높은 실질임금을 책정할 유인

② 이러한 지속적인 높은 수준의 실질임금에 의해 노동시장에 초과균형의 불균형이 발생, 지속되고 비자발적 실업이 지속

③ 근무태만모형(shirking model)

기업은 근무태만을 방지하기 위해서 시장임금보다 높은 수준의 임금을 지급

④ 역선택모형(adverse selection model)

기업은 우수한 직원을 채용하기 위하여 높은 수준의 임금을 지급

⑤ 이직모형(job turnover model)

기업은 직원의 이직을 막기 위해서 높은 임금을 지급

ISSUE 05 인플레이션의 효과(비용)

1 인플레이션과 예상

1) 예상된 인플레이션

① 예상되는 물가상승을 고려하여 계약당사자 간 계약조건이 변경되므로 비용이 크지 않다.

② 노동자 측과 기업 간 임금인상 협상, 기업의 상품가격 인상 계획

③ 인플레이션세, 구두창비용, 메뉴비용, 계산단위비용 등

④ 피셔방정식 : 명목이자율 = 실질이자율 + 기대인플레이션율

2) 예상치 못한 인플레이션

① 손해를 보는 측과 이익을 보는 측이 생기게 되며, 부의 재분배가 나타난다.

② 불확실성이 증대되며 자원배분의 비효율성도 나타난다.

2 인플레이션세

1) 화폐보유자

① 물가상승에 따라서 실질잔고가 감소(민간의 화폐실질잔고는 물가상승률만큼 가치 하락)

② 인플레이션세 = 물가상승률 × 실질화폐량

③ 인플레이션세의 부담자는 화폐를 보유한 민간경제주체

2) 화폐발행자

① 통화량 증가에 따라서 주조차익을 획득

② 주조차익(시뇨리지) = 통화증가율 × 실질화폐량

③ 정부가 세금부과나 차입 등으로 재원을 조달할 수 없는 경우 주로 발생

3) 민간이 정부에 세금을 내는 것과 유사하므로 민간부문에서 정부부문으로 부의 재분배 발생

3 구두창비용

1) 현금보유자는 물가상승에 따라 화폐가치가 감소하므로 가급적 화폐를 적게 보유

2) 필요할 때마다 은행방문, 현금인출하므로 이에 따른 시간, 교통비용 등이 소요

4 메뉴비용(가격조정비용)

1) 물가상승 시 그에 따라서 가격을 변경하는 데 소요되는 제반 비용을 총칭
2) 초인플레이션을 경험한 국가에서는 가게 종업원들이 가격표 교체에 많은 시간 투입

5 계산단위비용

1) 인플레이션으로 화폐가치가 계속 변화할 경우 경제주체들의 화폐가치 평가가 부정확
2) 이에 따라 경제주체들의 경제적 의사결정의 질이 저하되어 자원배분의 효율성을 저해

6 부와 소득의 재분배

1) 인플레이션으로 인하여 채권자는 손해를 보고, 채무자는 이익을 보게 된다.
2) 고정급여 근로자는 손해를 보고, 급여지급기업은 이익을 본다.

7 불확실성

1) 경제에 불확실성이 증대되어 거래 등이 감소, 후생 감소
2) 특히 장기계약의 체결이 어려워질 수 있다.

8 자원의 비효율적인 배분

1) 인플레이션으로 인한 일반적인 물가상승을 상대가격 상승으로 혼동하여 생산 증대 시 발생
2) 인플레이션이 모든 가격을 똑같이 변화시키는 것은 아니므로, 높은 인플레이션은 상대가격의 왜곡을 심화시켜서 소비자의 의사결정에 교란을 초래하여 효율을 저해한다.

9 디플레이션의 효과 ↔ 인플레이션의 효과

1) 소비연기, 총수요위축

2) 부채디플레이션

① 인플레이션과 반대로, 채무자는 손해, 채권자는 이익
② 채무자 부도가능성 증대, 금융기관 부실화, 자금공급 감소, 총수요 감소, 디플레이션 심화

3) 실질이자율 상승

① 디플레이션 기대는 화폐수요를 증가시킨다.
② 디플레이션 기대가 형성되면 실질이자율 상승, 투자 감소, 총수요 감소
③ 통화공급을 늘리더라도 화폐수요 증가 및 실질이자율 상승으로 통화정책에 한계 노정

ISSUE 06 인플레이션과 이자율

1 명목이자율 vs 실질이자율

1) 명목이자율 : 이자율을 화폐단위로 측정

2) 실질이자율 : 이자율을 실물단위로 측정

3) 인플레이션이 있을 경우, 명목이자율과 실질이자율이 괴리

① 실물 $1 \to$ 1기 후 $\to (1+r_t)(1+\pi_t) \approx 1+r_t+\pi_t$

② 화폐 $1 \to$ 1기 후 $\to (1+i_t)$

③ 무차익거래조건(no arbitrage condition) : $i_t = r_t + \pi_t^e$

2 피셔방정식과 피셔효과

1) 피셔방정식 : 명목이자율 i_t = 실질이자율 r_t + 기대인플레이션율 π_t^e

2) 피셔효과 : 실질이자율이 불변인 경우, 기대인플레이션율과 명목이자율 간 일대일 대응관계

3) 통화량이 증가하더라도 명목이자율이 하락하지 않고 오히려 상승 가능

4) 단기의 유동성효과, 장기의 피셔효과

5) 인플레이션율은 물가지수의 변화율로 구할 수 있음

3 먼델-토빈 효과

1) 실질이자율이 변화할 경우에는 피셔효과 불성립

2) 기대인플레이션율이 변화하더라도 명목이자율 간의 일대일 관계는 불성립

3) 먼델-토빈 효과 : 기대인플레이션율 상승 시, 실질이자율이 하락하여 투자가 증가

4) 기대인플레이션율 상승 → 명목자산(화폐) 수요 감소, 실물자산 수요 증가 → 실물자산 가격 상승 → 실물자산 공급 증가 → 자본의 한계생산성 하락 → 실질이자율 하락

5) 기대인플레이션이 포함된 $IS-LM$모형에서 기대인플레이션이 상승할 경우 명목이자율은 그보다 덜 상승하게 되어 실질이자율 하락

4 화폐수익률 vs 채권수익률

1) 피셔방정식 $i_t = r_t + \pi_t^e$
2) 화폐보유의 명목수익률 0, 실질수익률 $-\pi_t^e$
3) 채권보유의 명목수익률 i_t, 실질수익률 $i_t - \pi_t^e$
4) 화폐보유의 명목수익률은 0이므로, 피셔방정식 $i_t = r_t + \pi_t^e$ 에 따르면, 화폐보유의 실질수익률은 $-\pi_t^e$ 이 된다.
5) 채권보유의 명목수익률은 i_t이므로, 피셔방정식 $i_t = r_t + \pi_t^e$ 에 따르면, 채권보유의 실질수익률은 $i_t - \pi_t^e$ 가 된다.
6) 채권보유의 실질수익률 $i_t - \pi_t^e$ 은 화폐보유의 실질수익률 $-\pi_t^e$ 보다 i_t만큼 높다.

5 세전수익률 vs 세후수익률

1) 피셔방정식 $i_t = r_t + \pi_t^e$
2) 세전의 경우, 세전명목이자율 i_t = 세전실질이자율 r_t + 기대인플레이션율 π_t^e
3) 세후의 경우, 세후명목이자율 $i_t(1-t)$ = 세후실질이자율 r_t + 기대인플레이션율 π_t^e
4) 은행예금의 세전 명목수익률은 i_t이므로, 피셔방정식 $i_t = r_t + \pi_t^e$ 에 따르면, 은행예금의 세전 실질수익률은 $i_t - \pi_t^e$ 가 된다.
5) 은행예금의 세후 명목수익률은 $i_t(1-t)$이므로, 피셔방정식 $i_t = r_t + \pi_t^e$ 에 따르면, 은행예금의 세후 실질수익률은 $i_t(1-t) - \pi_t^e$ 가 된다.
6) 은행예금의 세후 실질수익률 $i_t(1-t) - \pi_t^e$ 는 은행예금의 세전 실질수익률 $i_t - \pi_t^e$ 보다 $i_t t$만큼 낮다.

6 다비효과

1) 조세에 의하여 세전수익률과 세후수익률의 차이
2) 조세를 고려하는 경우 목표로 하는 실질수익률을 확보하기 위하여 명목이자율을 조세가 없는 경우 보다 더욱 인상

7 화폐의 중립성

명목변수인 통화량의 변화는 명목변수인 물가수준만을 비례적으로 변화시킬 뿐 실물변수는 실물경제에서 독립적으로 결정되기 때문에 전혀 변화가 없는 것을 화폐의 중립성이라고 하며 이는 명목변수와 실물변수가 완전히 분리되어 있다는 고전적 이분성(dichotomy)을 의미

ISSUE 07 필립스곡선

1 필립스곡선의 개념

1) 인플레이션율(명목임금상승률)과 실업률 간에 단기적으로 부의 상관관계

2) 오쿤의 법칙을 적용할 경우, 필립스곡선은 총공급곡선

① 필립스곡선은 인플레이션과 실업의 분석
② 총공급곡선은 물가와 소득(산출)의 분석

3) 기대가 부가된 필립스곡선

① $\pi_t = \pi_t^e - b(u_t - u_N) + \epsilon_t$
② 프리드만-펠프스, 적응적 기대
③ 실제 인플레이션 < 기대 인플레이션, 실제 실업률 > 자연실업률
④ 실제 인플레이션 > 기대 인플레이션, 실제 실업률 < 자연실업률
⑤ 인플레이션을 완전히 예상하는 경우, 실제실업률 = 자연실업률

2 필립스곡선의 함의

1) 반인플레이션의 비용
2) 인플레이션율과 실업률을 동시에 낮추는 것은 불가능
3) 재정적자가 확대되는 경우 실업률은 하락, 인플레이션은 상승

3 단기필립스곡선의 이동

1) 기대물가상승률이 상승하는 경우 단기필립스곡선이 상방 이동
2) 인플레이션과 실업률이 상충이 아니라 동시에 높아지는 스태그플레이션 현상은 단기필립스곡선의 이동으로 설명
3) 총공급충격은 필립스곡선 자체의 이동
4) 총수요정책(예 확대재정, 통화긴축)은 필립스곡선상의 이동
5) 자연실업률이 증가하면 필립스곡선은 오른쪽으로 이동

6) 물가연동제를 실시하는 고용계약이 많아질수록, 물가변동에 따라 명목임금이 변화하여 실질임금이 고정적이므로 고용량이 불변, 총공급곡선 수직, 필립스곡선 수직에 가깝다.

4 장기필립스곡선

1) 장기에는 노동자와 기업의 물가상승률에 대한 기대가 정확하므로, 기대물가가 실제물가상승률을 반영할 수 있어서 기대물가상승률과 실제물가상승률이 일치

2) 이런 경우 필립스곡선은 자연실업률 수준에서 수직

3) 장기적으로 실업률은 자연실업률 수준에서 머물지만, 인플레이션율은 통화량증가율에 따라서 상승 혹은 하락

5 자연실업률 가설

1) 실업률을 낮추기 위한 정부의 팽창적 정책은 단기적으로 실업률, 국민소득에 영향을 주며, 이는 단기필립스곡선상의 이동으로 나타난다.

2) 그러나 장기에는 실업률을 낮추지 못하고 물가만을 상승시킬 뿐이다.

3) 장기필립스곡선은 자연실업률 수준에서 수직이다.

4) 장기에는 인플레이션율과 실업률 간 상충관계 및 상관관계는 없다.

5) 정부정책은 단기적으로 유효할 수 있으나 장기에는 효과가 없다.

6 합리적 기대와 정책의 효과

1) 합리적 기대와 정부정책에 대한 신뢰를 적용할 경우 고통 없는 인플레이션 감축 가능(희생률 축소)

2) 합리적 기대하에서 예상치 못한 정부정책은 단기적으로 실제실업률을 자연실업률보다 낮은 수준으로 하락시킬 수 있으나 장기적으로는 효과가 없다.

7 반인플레이션정책과 희생률

1) 반인플레이션을 위해서는 실업률 증가, 경기침체라는 비용이 발생

2) 이러한 물가안정정책의 비용은 희생률을 통해서 계측

3) 인플레이션율을 1%포인트 낮추기 위해 발생하는 실업률 증가분(혹은 생산 감소분)의 누적치

CHAPTER

06

경기변동이론

경기변동이론

ISSUE 01 경기변동의 단계와 특징

1 경기변동의 단계(국면)

1) 단계구분 : 회복기, 호황기(확장기), 후퇴기, 불황기(수축기)

① 호황기(boom) : GDP갭, 물가상승 압력

② 불황기(recession) : GDP갭, 국내총생산 < 장기추세치

2) 주기와 진폭

① 주기(cycle) : 하나의 최저점(trough)에서 다른 최저점에 이르는 기간

② 진폭(amplitude) : 최저점(trough)과 최고점(peak)의 차이

2 경기변동의 특징

1) 공행성(co-movement)

① 경기변동의 과정에서 실질 GDP와 여러 거시경제변수들은 일정한 관계를 가지고 움직인다.

② 방향을 기준으로 한 분류 : 실질 GDP와 같은 방향으로 움직이는지
 ⅰ) 경기순행적(procyclical) : 실질 GDP와 같은 방향으로 움직이는 변수(소비, 투자, 화폐공급, 인플레이션, 이자율, 주가 등 거의 대부분의 주요거시변수들)
 ⅱ) 경기역행적(countercyclical) : 실질 GDP와 반대 방향으로 움직이는 변수(실업률)

③ 변동시점을 기준으로 한 분류 : 실질 GDP와 같은 시점에서 움직이는지
 ⅰ) 경기동행적 : 실질 GDP와 거의 동시에 움직이는 변수(소비, 고정투자, 고용, 수입 등)
 ⅱ) 경기선행적 : 실질 GDP의 변화에 앞서 움직이는 변수(화폐공급, 수출, 주가, 건축수주면적)
 ⅲ) 경기후행적 : 실질 GDP의 변화보다 늦게 움직이는 변수(인플레이션, 이자율 등)

2) 반복성(recurrent)

경기변동은 호황기와 불황기가 반복하여 계속된다.

3) 불규칙성(irregular)

경기변동은 그 주기와 진폭이 일정하지 않다.

4) 비대칭성(asymmetric)

경기변동은 호황기와 불황기가 비대칭적이다. 호황기는 상대적으로 완만하고 길게 지속되지만, 불황기는 상대적으로 급격히 짧게 진행된다. 미국경제의 경우 1990년대 초 시작된 경기호황이 10여 년간 오래 지속되었으나 곧바로 진행된 불황기는 2001년에 약 1년간 진행되고 끝난 바 있다.

3 경기변동의 판단과 예측

1) 경기종합지수에 의한 판단

① 경기종합지수는 국민경제의 각 부문을 대표하는 여러 경제지표들로 구성되어 있다.
② 통계청에서 매월 발표한다.
③ 이 지표들이 증가하는 경우 경기확장을, 감소하는 경우 경기수축을 의미한다.

2) 경기종합지수의 지표들

① 선행종합지수 : 건설수주액, 종합주가지수, 총유동성, 소비자기대지수 등
② 동행종합지수 : 제조업 가동률지수, 서비스업 활동지수, 도소매업판매액지수 등
③ 후행종합지수 : 상용근로자수, 도시가계 소비지출, 소비재수입액 등

3) 기업경기실사지수(100 기준)

4) 소비자동향지수(100 기준)

ISSUE 02 최신의 경기변동이론

1 새고전학파

1) 경제는 신축적 가격조정을 통해 항상 수요와 공급이 일치하는 균형상태이므로, 경기변동이란 균형 GDP 자체가 잠재 GDP 수준으로부터 이탈과 회복을 반복하는 현상
2) 최초 균형에서 이탈한 상태도 균형이므로 정부개입은 불필요

2 화폐적 균형경기변동이론

1) 화폐의 중립성에 의하면 명목통화량의 변화는 물가만 변화시키고 실질변수에는 아무런 영향을 미치지 못한다. 그러나 실증적 분석에 의하면, 화폐는 단기에서 비중립적이다.
2) MBC에 의하면, 합리적 기대와 정보의 불완전성하에서 예상치 못한 통화량의 변화는 실질국민소득을 변화시키는 경기변동을 야기한다.

3 실물적 균형경기변동이론

1) 합리적 기대와 경제주체의 최적화 행동의 원리로서의 미시적 기초, 시장청산
2) 경기변동을 유발하는 외부적 충격으로 기술변화(생산함수 충격)와 같은 실물적 요인을 강조
3) 기술충격은 대부자금시장의 이자율, 노동시장의 임금을 변화시킨다.
4) 이자율 상승 → 미래임금의 상대가격 하락 → 현재 노동공급 증가, 산출 증가
5) 총생산 변화가 통화량 변화를 야기(역의 인과관계), 화폐의 중립성 성립

4 새케인즈학파

1) 새고전학파와는 달리 경기변동을 균형국민소득 수준으로부터 이탈한 현상으로 보고 있다.
2) 합리적 기대와 경제주체의 최적화 행동의 원리로서의 미시적 기초로 가격경직성 정립

5 메뉴비용 및 총수요외부성

1) 총수요 충격 시 메뉴비용 및 총수요외부성으로 인하여 가격이 경직성을 보이면서 가격 대신 산출량이 조정됨
2) 기업들의 산출량 조정이 총수요 충격에 따른 경제전체의 총생산이 변화하는 경기변동

CHAPTER

07

경제정책과 경제학파

경제정책과 경제학파

ISSUE 01 학파별 이론

1 고전학파

1) 완전고용량에 의한 완전고용산출량은 항상 달성되며 공급은 수요를 스스로 창출[세이(Say)]
2) 노동시장, 임금의 신축적 조정, 노동시장 균형 달성, 완전고용 실현
3) 가격 및 이자율의 신축적 조정, 대부자금시장(저축, 투자 일치) 및 거시경제균형
4) 고전적 이분성에 따라 실물부문과 화폐부문은 분리(화폐의 베일관)
5) 통화량의 증가는 완전고용산출량을 변화시키지 못하고 오직 물가만 상승(화폐의 중립성)
6) 자본주의는 본질적으로 안정적이므로 경제안정화를 위해 정부의 개입이 불필요

2 케인즈 및 케인즈학파

1) 실업이 만연하고 재고가 넘치는 대공황의 상황에서 수요가 공급을 창출하고 국민소득은 수요부문이 결정
2) 자본주의는 본질적으로 불안정적이므로 경제안정화를 위해 정부의 개입이 필요
3) 실업은 노동시장만의 문제가 아니고 재화시장과 연계되어 있으므로 재화시장에서 총수요의 부족이 노동시장에서 노동수요의 부족으로 이어져 실업이 발생
4) 실업이 발생하여도 명목임금은 상당히 경직적이어서 노동의 초과공급이 해결 안 됨
5) 이러한 노동시장의 상황에서는 명목임금의 변화로 실업을 없애고 노동시장의 균형을 달성하기는 어려우므로 재화시장에서의 총수요 증대(정부지출 증가 등)를 통해서 새로운 노동수요를 창출해야 함

3 통화론자

1) 1970년대는 고실업률, 고인플레이션, 저성장의 시대로서 케인즈적 총수요관리정책은 스태그플 레이션에 대해서 속수무책

2) 프리드만을 중심으로 한 통화론자는 먼저 재량적 통화정책을 비판, 경기안정화 목적의 재량적 통화정책은 정책효과의 시차 및 불확실성으로 인하여 경제를 오히려 불안정화

3) 안정적인 경제를 위해서 준칙에 의한 통화공급을 주장

4) 케인즈적 정책의 기초가 되는 안정적인 필립스곡선에 의문을 제기함으로써 기대가 부가된 프리 드만-펠프스 필립스곡선을 통해 장기적으로 실업률은 자연실업률 수준의 장기PC 도출

5) 단기적으로 총수요정책을 통해 실업률을 낮추더라도 결국 민간의 기대물가수준을 상승시켜 장 기적으로 실업률은 다시 회복되어 결국 오직 물가만 상승(자연실업률가설)

4 새고전학파

1) 화폐적 충격에 의한 화폐적 경기변동이론과 실물·기술적 충격에 의한 실물적 경기변동이론

2) 루카스를 중심으로 한 새고전학파는 통화론자의 적응적 기대를 비판하고 합리적 기대를 수용

3) 미세조정이 가능하다고 한 케인즈 모형에 대해서는 정책변화로 인해 계량거시모형의 파라미터가 모두 바뀔 수 있기 때문에 무용하다고 비판(루카스 비판)

4) 재량적인 총수요관리정책은 장기뿐만 아니라 합리적 기대를 하는 민간주체가 예상한 경우 단기 에서도 무력하다고 비판(정책무력성 정리)

5) 예상되지 못한 정책은 일시적으로 유효하나 시간이 흐르면 효과 없음

6) 경기변동은 본질적으로 경제주체의 최적화행위와 시장청산에 따른 균형이므로 정부가 개입하여 안정화시킬 필요가 없음

7) 실업이란 노동자의 자발적 직장탐색과정에서 발생하는 마찰적 현상으로 노동자들이 자발적으로 취업을 거부한 것에 불과하며 다만 이는 고용량의 증가 혹은 감소 개념일 뿐이다.

5 새케인즈학파

1) 1980년대 초의 미국의 극심한 인플레이션 상황하에서 시행된 반인플레이션 정책은 대공황 이후 최악의 실업사태를 초래

2) 만일 새고전학파의 이론이 옳다면 충분히 예상된 반인플레이션 정책에 따른 산출량 감소와 실업률 상승은 매우 낮아야 함에도 불구하고 높은 실업률과 저성장의 문제가 노정

3) 새케인즈학파는 합리적 기대를 받아들이면서도 가격변수가 경직적이면 예상되지 않은 정책은 물론이고 예상된 정책도 여전히 효과가 있음을 주장하며 경직성을 미시적으로 증명

4) 가격이 경직적인 상황에 경제에 충격이 오면 경제는 균형에서 상당 기간 이탈하게 되고 한참 후 균형을 회복하면서 경기변동이 자연스럽게 발생(메뉴비용 등으로 가격에 경직성을 보이게 되면 산출량 조정을 통해서 경기변동 발생)

5) 새고전학파와 달리 경기변동은 본질적으로 불균형이며 복수균형과 조정실패를 통해서 파레토열등함을 주장하며 정부개입을 통해서 균형으로 복귀해야 한다고 주장

6 학파별 기대형성방식

1) 정태적 기대(static expectation)

이미 실현된 과거의 값을 그대로 미래 예상치로 사용하는 방식으로 예를 들어 올해 물가상승률이 3%였다면 내년에도 물가상승률이 3%라고 예상하는 방식으로서 경직적 가격의 특성을 보임

$$P^e_{t+1} = P_t$$

2) 적응적 기대(adaptive expectation)

경제주체들이 예상을 함에 있어서 과거 예측오차의 일부를 반영하여 새로운 기대를 형성하는 방식으로서 기대형성에 오직 과거정보만을 이용하며 예측오차의 "일부분"만을 반영하여 새롭게 기대를 형성하므로 같은 실수가 지속적으로 반복되는 체계적 오류가 나타남

$$P^e_{t+1} = P^e_t + \theta(P_t - P^e_t), \ 0 \le \theta \le 1$$

P^e_{t+1} : t기에 예상하는 $t+1$기의 예상물가, P^e_t : $t-1$기에 예상한 t기의 예상물가
θ : 예측오차의 반영비율, P_t : t기의 실제물가

3) 합리적 기대(rational expectation)

과거 경험뿐 아니라 이용가능한 모든 정보(Ω_t)를 활용하여 기대를 형성하는 방식으로 다음 기의 물가인 P_{t+1}를 합리적으로 예상함에 있어 그 기댓값은 $P_{t+1}^e = E(P_{t+1}|\Omega_t)$ 가 된다는 의미

$$P_{t+1}^e = E_t(P_{t+1}|\Omega_t)$$

P_{t+1}^e : t기에 예상하는 $t+1$기의 예상물가

$E_t(P_{t+1})$: $t+1$기의 물가를 현재 t기에 예상한다는 의미

Ω_t : t기의 이용가능한 모든 정보를 이용한다는 의미

ISSUE 02 경기안정화정책 논쟁

1 적극 vs 소극

1) 소극론자들은 정책의 효과가 불확실하기 때문에 비판한다.

2) **정책효과의 시차**

① 내부시차(inside lag) : 정책의 필요성을 인지하고 적절한 정책을 시행하는 데 걸리는 시간, 재정정책의 경우 내부시차가 상대적으로 길다.

② 외부시차(outside lag) : 정책이 시행된 후 기대되는 효과가 발생하는 데 걸리는 시간, 통화정책의 경우 외부시차가 상대적으로 길다.

2 재량 vs 준칙

1) 준칙에 의한 정책이 반드시 소극적 정책인 것은 아니다.

2) **통화량준칙** : 통화량을 실질경제성장률과 물가상승률을 고려하여 설정

3) **이자율준칙** : 이자율을 물가와 총생산에 반응하도록 미리 정해놓고 이에 따르는 것

4) **테일러 준칙** : $r = r^* + 0.5(\pi - \pi^*) + 0.5(Y - Y_F)/Y_F$

(r^* : 균형이자율, π^* : 목표인플레이션율)

3 최적정책의 비일관성(동태적 불일치)

1) 정부 및 정책에 대한 불신이 발생하므로 정부가 사전에 정책의도 및 목표를 민간에 공표하더라도 민간경제주체의 기대에 영향을 줄 수 없게 된다.

2) 물가안정 및 통화량감축을 발표하더라도 인플레이션기대를 바꿀 수 없게 된다.

3) 재량에 의한 최적정책보다는 준칙에 의한 비최적정책이 바람직한 균형을 달성함이 입증 (최적정책의 비일관성 vs 일관된 정책의 비최적성)

4) 최적정책의 비일관성은 재량적 정책에서 발생한다.

5) 손실함수와 손실극소화

① 제약조건

통화당국의 정책관련 제약조건은 필립스곡선으로 나타나는데 예를 들면 $\pi = \pi^e - \frac{1}{2}(u - u_n)$와 같이 실업률과 인플레이션율 간의 관계를 나타내는 필립스곡선을 제약조건으로 상정할 수 있음

② 목적함수

목적함수는 통화당국의 손실함수로서 예를 들면 $L(\pi, u) = u + \frac{1}{2}\pi^2$와 같이 실업률과 인플레이션율에 의한 손실함수를 목적함수로 상정할 수 있음

③ 목적함수의 극소화

필립스곡선의 제약하에서 목적함수인 손실함수를 극소화하도록 목표 인플레이션율을 설정해야 함

위에서 예로 든 제약조건 $u = -2\pi + 2\pi^e + u_n$을 목적함수에 대입하면,

$L = -2\pi + 2\pi^e + u_n + \frac{1}{2}\pi^2$이 되며, 손실을 극소화하기 위해서 목적함수를 π로 미분하여

0으로 두면 $\frac{dL}{d\pi} = -2 + \pi = 0$. 따라서 목표 인플레이션율은 $\pi = 2$가 됨

4 루카스 비판

1) 사람들의 기대형성은 정책변화의 영향을 받으므로 정책이 바뀌면 사람들의 기대도 바뀐다.
2) 정책이 바뀌면, 사람들은 새로운 기대를 형성하고, 새로운 기대는 경제변수 간의 관계에 영향을 미쳐서 행태방정식 자체를 변경시키게 된다.
3) 정책의 효과를 올바르게 분석하려면, 거시경제모형의 행태함수를 임의적으로 가정해서는 안 되고, 합리적 기대하에서 경제주체의 최적화 행동 및 시장균형의 결과로 도출해야 한다.

5 정책무력성 정리

1) 경제주체들이 합리적으로 기대를 한다면, 정부가 총수요정책을 사용하는 경우, 합리적 기대를 통해 최종적인 물가변화를 예상하게 되고, 이에 따라서 의사결정을 한다.
2) 합리적 기대를 사용할 경우 단기적 조정과정 없이 바로 장기균형이 즉각적으로 달성된다.
3) 결국 실물 총생산의 변화는 없게 되고 물가만 변하게 되어 총수요정책은 효과가 없다.

ISSUE 03 테일러 준칙

1 통화정책의 준칙

1) 통화량 준칙

① 통화량증가율을 정해진 규칙에 따라 설정
② 예를 들어 매기의 통화량증가율을 $k\%$로 일정하게 정하는 경우 변하지 않는 준칙
③ 대체로 통화량은 실질경제성장률과 물가상승률을 고려하여 설정, 변하는 준칙

2) 이자율 준칙

① 이자율을 정해진 규칙에 따라 설정
② 이자율을 인플레이션(물가)과 총생산에 반응하도록 미리 정해놓고 이에 따르는 것

2 테일러 준칙

① 준칙에 의한 적극적 정책의 사례로 이자율 준칙의 일종인 테일러 준칙을 들 수 있다.

② 테일러 준칙은 물가안정과 경기안정화를 동시에 달성하기 위해서 미국의 연방준비제도가 통화정책을 시행하는 방식에 대하여 테일러가 추정한 식을 의미한다.

③ 이는 통화정책의 수단으로서 연방자금금리(federal funds rate)를 정책적으로 설정함에 있어서 물가안정과 경기안정화를 모두 고려하고 있음을 잘 보여준다.

④ 테일러 준칙의 산식

$$i = (\pi + r^*) + 0.5(\pi - \pi^*) + 0.5(\frac{Y - Y_F}{Y_F})$$

r^*: 균형이자율, π: 실제인플레이션율, π^*: 목표인플레이션율,
Y: 실질 GDP, Y_F: 잠재 GDP

cf 테일러는 균형이자율 2%, 목표인플레이션율 2%를 제안하였음

⑤ 연방자금금리의 정책적 설정은 다음과 같은 요인에 의해 결정된다.
　i) $(\pi - \pi^*)$: 실제인플레이션율과 목표인플레이션율의 차이
　　실제인플레이션율이 목표인플레이션율보다 높은 경우 연방자금금리는 균형이자율 수준보다 높게 설정되는데 이는 긴축적 통화정책을 의미한다. 반대의 경우는 연방자금금리가 균형이자율 수준보다 낮게 설정되는데 이는 확장적 통화정책을 의미한다.

ii) $\left(Y - Y_F\right)$: 실질 GDP와 잠재 GDP의 차이

실질 GDP가 잠재 GDP보다 높은 경우 연방자금금리는 균형이자율 수준보다 높게 설정되는데 이는 긴축적 통화정책을 의미한다. 반대의 경우는 연방자금금리가 균형이자율 수준보다 낮게 설정되는데 이는 확장적 통화정책을 의미한다.

iii) $\left(\pi + r^*\right)$: 완전고용을 달성하는 균형이자율(인플레이션율과 단기실질이자율의 합)
인플레이션율이 상승하는 경우 연방자금금리를 올려야 함을 의미한다.

⑥ 테일러 준칙에 의한 통화정책

ⅰ) 실제인플레이션율이 목표인플레이션율보다 높은 경우 연방자금금리는 균형이자율 수준보다 높게 설정되는데 이는 긴축적 통화정책을 의미한다. 반대의 경우는 연방자금금리가 균형이자율 수준보다 낮게 설정되는데 이는 확장적 통화정책을 의미한다.

ⅱ) 실질 GDP가 잠재 GDP보다 높은 경우 연방자금금리는 균형이자율 수준보다 높게 설정되는데 이는 긴축적 통화정책을 의미한다. 반대의 경우는 연방자금금리가 균형이자율 수준보다 낮게 설정되는데 이는 확장적 통화정책을 의미한다.

⑦ 테일러 준칙 사례연습

중앙은행은 아래와 같은 테일러 준칙(Taylor rule)에 따라 명목이자율을 조정한다고 하자. 단, i는 명목이자율, π는 인플레이션율, π^*는 목표인플레이션율, Y^*는 잠재 GDP, Y는 실제 GDP, $\dfrac{Y^* - Y}{Y^*}$는 총생산갭

$$i = 0.05 + \pi + 0.5(\pi - \pi^*) - 0.5\left(\frac{Y^* - Y}{Y^*}\right)$$

ⅰ) 목표 인플레이션율이 낮아지면 중앙은행은 명목이자율을 인상한다. 실제인플레이션율이 목표인플레이션율보다 높은 경우 연방자금금리는 균형이자율 수준보다 높게 설정되는데 이는 긴축적 통화정책을 의미한다.

ⅱ) 실제 GDP가 잠재 GDP보다 더 큰 경우에 중앙은행은 명목이자율을 인상한다. 테일러준칙에 따른 연방자금금리의 정책적 설정은 실질 GDP와 잠재 GDP의 차이 $(Y - Y_F)$에 의해 결정된다. 실질 GDP가 잠재 GDP보다 높은 경우 연방자금금리는 균형이자율 수준보다 높게 설정되는데 이는 긴축적 통화정책을 의미한다.

ⅲ) 총생산갭은 0이고 인플레이션율이 3%에서 4%로 상승하는 경우에 테일러준칙에 따라 중앙은행은 명목이자율을 1.5%포인트(%P) 인상한다.

ⅳ) 인플레이션율이 목표치와 같고 실제 GDP가 잠재 GDP와 같다면 테일러준칙에 따라 $i = 0.05 + \pi$이므로 실질이자율은 5%가 된다.

ⅴ) 인플레이션율은 목표치와 같고 총생산갭이 0%에서 1%로 상승하는 경우에 테일러준칙에 따라 중앙은행은 명목이자율을 0.5%포인트(%P) 인하한다.

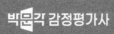

CHAPTER

08

거시경제의 미시적 기초

거시경제의 미시적 기초

ISSUE 01 절대소득이론

1 케인즈의 소비함수

1) 소비함수 $C = a + bY$

소비는 이자율이 아니라 현재가처분소득에 의해 결정된다.

2) 한계소비성향 $MPC = \dfrac{\Delta C}{\Delta Y} = b$

① 소비증가분 / 소득증가분
② 한계소비성향은 0보다 크고 1보다 작다($0 < b < 1$).

3) 평균소비성향 $APC = \dfrac{C}{Y}$

① 평균소비성향은 소득증가에 따라서 감소한다.
② 고소득일 때의 평균소비가 저소득일 때의 평균소비보다 작다.

4) 적용

① 소액복권에 당첨될 경우 소비가 증가한다.
② 특별상여금을 받게 되면 소비가 증가한다.

2 케인즈 소비함수의 문제점

1) 횡단면분석 및 단기시계열분석 결과 소득이 증가하는 경우 평균소비성향은 감소

2) 장기시계열분석 결과 소득이 크게 증가하여도 평균소비성향이 거의 불변

3) 케인즈의 소비함수는 횡단면분석과 단기시계열분석에서는 성립하지만 장기시계열분석에서는 성립하지 않는다는 것을 의미

3 쿠즈네츠의 소비퍼즐

1) 단기에서는 케인즈 소비함수와 같이 평균소비성향이 감소

2) 장기에서는 케인즈 소비함수와 달리 평균소비성향이 일정

3) 장단기에 평균소비성향이 달라지는 것을 소비퍼즐이라고 함

ISSUE 02 평생소득이론과 항상소득이론

1 평생소득이론

1) 평생소득

① 평생 동안 사용할 수 있는 소득

② 근로소득뿐만 아니라, 주택, 주식, 채권 등의 자산도 포함

2) 소비함수 $C = \alpha NW + \beta Y (NW : $ 비인적 부, $Y : $ 소득)

① 평생소득이 소비를 결정

② 전생애에 걸친 소득의 흐름을 고려, 소비행위를 결정, 소비의 균등화를 추구

3) 소득은 일생을 거치면서, 유년기, 청장년기, 노년기에 따라서 변화한다. 그러나 이와 같은 소득변화에도 불구하고 각 소비자는 자신의 소비를 평준화하려고 한다.

① 소득흐름은 역U자형, 소비흐름은 평탄한 모습을 보인다.

② 유년기와 노년기에는 평균소비성향이 높아진다.

③ 청장년기에는 평균소비성향이 낮아진다.

4) 단기에 비인적부 NW 는 경기변동에 민감하게 반응하지 않는다.

① 비인적부는 오랜 기간 동안 저축에 의해서 형성되므로 단기에 변동이 크지 않다.

② 단기적인 경기상승국면에서 단기평균소비성향은 소득증가에 따라서 감소한다.

5) 장기에 비인적부 NW 는 근로소득과 유사한 속도로 성장한다.

① 장기에서는 비인적부의 증가율과 근로소득 증가율이 비슷하다.

② 소득증가 시 장기평균소비성향은 일정하다.

2 항상소득이론

1) 항상소득

① 미래에도 항구적으로 벌어들일 수 있는 소득

② 장기평균소득수준

2) 소득은 항상소득과 일시소득으로 구별된다.

① 일시소득은 일시적일 뿐, 곧 사라지기 때문에 전생애에 걸친 소득인 항상소득과 무관하다.

② 항상소득과 일시소득은 상관관계가 없다.

3) 소비함수 $C = \beta Y^P$

① 소비는 현재소득이 아니라 항상소득에 의해 결정되며, 일정하게 유지

② 평균소비성향 $APC = \dfrac{C}{Y} = \dfrac{\beta Y^P}{Y}$: 소득과 항상소득의 비에 의하여 결정

4) 소비와 항상소득·일시소득 간의 관계

① 항상소득은 소비에 영향을 미치지만, 일시소득은 소비에 영향을 미치지 못한다.

② 일시소득이 일시적으로 주어져 양이 되는 경우, 일시소득은 소비에 영향을 주지 않으므로 모두 저축이 된다. 즉 일시소득의 증가로 된 부분은 소비를 전혀 변화시키지 못한다.

5) 단기에 있어서 소득이 증가할 경우, 사람들은 이 중 일부만을 항상소득의 증가로 간주한다.

① 소득 증가 시 일시소득이 존재하므로 소득 증가보다 항상소득 증가가 작다.

② 소득 증가 시 항상소득이 소득에서 차지하는 비율(항상소득/소득)이 작아지므로 평균소비성향은 감소한다.

6) 장기에 소득이 증가할 경우, 사람들은 소득증가분 전체를 항상소득의 증가라고 생각한다.

① 장기에서는 소득의 증가율이 항상소득의 증가율과 일치하게 된다.

② 평균소비성향 $\dfrac{C}{Y} = \beta \dfrac{Y^P}{Y}$ 에서 Y^P, Y의 증가율이 같아서 평균소비성향이 일정하다.

7) 항상소득이론의 적용

① 일시적 실업자라고 하더라도 소비가 크게 줄지 않는다.

② 장기간의 소득세 감면이 이루어지면, 소비 증가, 경기활성화에 도움이 된다.

③ 유동성 제약이 존재할 경우 현재소득에 대한 현재소비의 의존도는 커진다.

④ 현재시점에 있어서 미래 항구적인 정책변화(예 세율)를 미리 공표할 경우, 현재 즉각 소비가 변화할 수 있다.

⑤ 직장에서 승진하여 소득이 증가하면 소비가 증가한다.

⑥ 경기호황기에 일시소득이 증가하면 저축률이 상승한다.

⑦ 항상소득에 대한 한계소비성향이 일시소득에 대한 소비성향보다 크다.

⑧ 복권당첨으로 얻은 소득은 일시소득이고, 안정된 직장에서 발생한 소득은 항상소득에 영향을 주기 때문에 각각 다른 소비성향을 보인다.

ISSUE 03 랜덤워크가설과 상대소득가설

1 홀의 랜덤워크가설

1) 소비는 임의보행의 확률과정을 따른다.

2) 항상소득이론에 합리적 기대를 도입하고 경제에 불확실성을 가정하여 도출한다.

3) 항상소득이론 + 합리적 기대 + 불확실성

4) 불확실에 따른 기대효용 극대화

2 랜덤워크가설과 정책변화

1) **예측하지 못한 충격과 예측한 충격에 의한 소비의 변화**

   ① 소비자는 언제나 전생애의 소득흐름에 대한 기대를 바탕으로 소비를 하며 소비를 평탄하게 유지하려고 노력한다.

   ② 소비자는 "예상치 못한 충격"이 발생하지 않는 한 소비계획을 수정하지 않는다. 왜냐하면 그것은 이미 합리적으로 계획되고 선택된 소비계획이기 때문이다.

   ③ 예상된 정책 변화는 합리적 기대에 의하여 소비에 영향을 미치지 못하며, 오직 기대하지 못한 정책 변화만이 소비를 변화시킨다.

2) **그러나 근시안적 소비, 유동성 제약에 의하여 예측 가능한 정책 및 소득의 변화에 대해서도 반응할 수 있다.**

3 듀젠베리의 상대소득가설

1) 어떤 사람의 소비는 타인소비 및 과거소비에 영향을 받는다(사회적·시간적 상대성).

2) **소비의 의존성** : 타인의 소비에 영향을 받는다(소비행위의 외부성, 전시효과).

3) **소비의 비가역성** : 소비가 한번 증가하면 소비를 다시 줄이기는 매우 어렵다(톱니효과).

ISSUE 04 투자이론

1 투자의 의의

1) 투자는 현재자본량과 최적목표자본량의 괴리를 조정하는 것이다.

2) 단기에 경기변동의 원인이 되기도 하고 장기에 경제성장의 원동력이 되기도 한다.

3) 투자는 총수요를 구성하는 중요한 부분이며, 그 비중은 작지만 변동이 심하다.

2 순현재가치법

1) $NPV = \dfrac{R_1}{(1+i)} + \dfrac{R_2}{(1+i)^2} + \dfrac{R_3}{(1+i)^3} + \cdots + \dfrac{R_n}{(1+i)^n} - C$

2) $NPV > 0$인 경우 투자, 반대의 경우 경제적 타당성이 없다고 판정

3) 복수투자안의 경우, 순현재가치가 큰 순서대로 투자순위 결정

4) 이자율이 상승하면, 미래기대수익의 현재가치가 감소

3 내부수익률법

1) $\dfrac{R_1}{(1+\rho)} + \dfrac{R_2}{(1+\rho)^2} + \dfrac{R_3}{(1+\rho)^3} + \cdots + \dfrac{R_n}{(1+\rho)^n} = C$

2) $\rho > r$인 경우 투자

3) 투자의사결정 시 순현재가치법과 내부수익률의 의사결정이 다를 수 있다.

4) 순현재가치법에 적용되는 할인율과 내부수익률이 같다면, 순현재가치는 0

4 자본의 한계효율이론

1) 자본의 한계효율

① 투자에 따른 추가적 수익과 비용을 일치시키는 수익률

② $\dfrac{\Delta R_1}{(1+\rho)} + \dfrac{\Delta R_2}{(1+\rho)^2} + \dfrac{\Delta R_3}{(1+\rho)^3} + \cdots + \dfrac{\Delta R_n}{(1+\rho)^n} = C(=P_K)$

    (C : 자본1단위 증가에 따른 비용)

2) 최적투자

    ① 투자의 수익률과 투자의 조달비용인 이자율을 비교하여 투자의사결정

    ② 자본의 한계효율과 이자율이 일치할 때 최적투자

3) 투자함수의 도출

    ① 이자율이 하락하면 최적자본량이 증가하여 투자도 증가하므로 투자는 이자율의 감소함수

    ② $I = I(r)$, $I' < 0$, I, r 은 각각 투자와 이자율

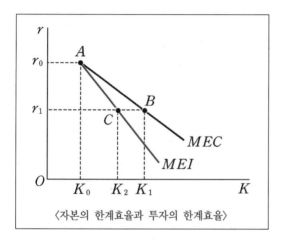

〈자본의 한계효율과 투자의 한계효율〉

---

5 자본의 사용자비용이론(신고전학파)

1) 자본의 사용자비용의 구성

    ① 자본재 구입자금 차입비용 : $i P_K$

    ② 자본재 마모비용 : δP_K

    ③ 자본재 가격변화로 인한 비용 : ΔP_K

2) 자본의 사용자비용의 계산

① 자본의 사용자비용 $= i P_K + \delta P_K - \Delta P_K = P_K (i + \delta - \dfrac{\Delta P_K}{P_K})$

② 자본의 사용자비용을 실질값으로 구하면 $uc = \dfrac{P_K (r + \delta)}{P}$ 이며, 이는 자본의 한계비용

3) 최적자본량

① 자본의 한계수입(한계생산)이 자본의 한계비용(사용자비용)을 초과하면 최적자본량이 증가
② 자본의 한계수입과 한계비용이 일치할 때 최적자본량이 결정
③ 자본의 한계수입 MP_K = 자본의 한계비용 $\dfrac{P_K (r + \delta)}{P}$

4) 이자율과 최적자본량 그리고 투자

① 이자율이 높을 경우 자본의 한계비용이 상승하게 되어 최적자본량이 감소
② 최적자본량이 감소한다는 것은 투자감소를 의미하므로 이자율과 투자는 역의 관계

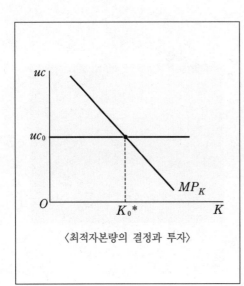

〈최적자본량의 결정과 투자〉

1) 자본의 한계수입 : MP_K

2) 자본의 한계비용 : $\dfrac{P_K (r + \delta)}{P}$

3) 투자의 결정

① $MP_K > \dfrac{P_K (r + \delta)}{P}$ 투자증가

② $MP_K < \dfrac{P_K (r + \delta)}{P}$ 투자감소

③ 최적자본량의 결정과 투자
  기업은 자본의 한계수입과 자본의 한계비용
  이 일치하는 수준에서 최적의 자본량을 보유

6 q 이론

1) $q = \dfrac{설치된\ 자본의\ 시장가치}{설치된\ 자본의\ 대체비용}$

2) 설치된 자본의 시장가치(발행주식의 시가총액)가 설치된 자본의 대체비용보다 큰 경우
즉, $q > 1$인 경우 투자 증가

3) q의 변화가 투자요인

4) $q=1$이 되는 경우 최적투자 및 최적 자본량 유지

5) 비판

① 토빈의 q는 평균 q이므로 투자의사결정에 부적합

② 한계 $q=\dfrac{\text{자본1단위 추가설치에 따른 기업가치의 변화분}}{\text{자본1단위 추가설치에 따른 대체비용의 증가분}(=\text{자본1단위 가격})}$

ISSUE 05 리카도 동등성 정리

1 재정정책

1) 정부지출이나 조세를 사용하여 총수요를 조절함으로써 정부의 정책목표를 실현하는 정책

2) 재정적자의 규모를 변화시키는 정책, 재정적자를 국공채발행을 통하여 조달하는 정책

3) 예 세율 결정, 과표구간 결정, 비례세 도입 결정, 국채발행 등

4) $BD = G - T$ (재정적자의 감축은 정부지출 축소 및 조세 증가)

　① 재정적자는 재정지출이 재정수입을 초과하는 것을 의미

　② 완전고용재정적자란 경제가 완전고용상태에 있을 경우에 나타나게 될 가상적인 재정적자의 규모로서 국내총생산의 변화에 따른 재정수입과 재정지출을 추정한 후에 국내총생산이 완전고용 수준일 경우의 재정수입과 재정지출을 계산하여 구한 값

　③ 구조적 재정적자란 경기변동과 관계없이 발생하는 재정적자로서 완전고용재정적자를 의미하며 이는 실제 재정적자에 비해 재정정책의 기조를 보다 정확하게 보여주고 있음

　④ 경기순환적 재정적자란 경기변동에 따라서 발생하는 재정적자를 의미

2 리카도 동등성 정리

1) 정부지출의 변화 없이 조세수입을 감소시키고 국채를 발행하는 경우를 상정한다.

2) 국채를 통한 정부부채의 증가는 반드시 미래의 조세부담 증가이다.

3) 민간은 국채를 자산으로 인식하지 않고 나중에 상환해야 할 부채로 인식한다.

4) 지금의 감세를 통한 가처분소득의 증가는 미래의 가처분소득의 감소이다.

5) 조세감면에 의한 가처분소득의 증가는 저축의 증가로 나타난다.

6) 항상소득의 관점에서 전생애에 걸친 소비자의 소득흐름은 변화가 없다.

7) 조세감면·국채발행 이전의 소비선택을 조세감면·국채발행 이후에 변경할 이유가 없다.

8) 정부지출 재원이 조세수입이든, 국채발행이든 민간에 미치는 영향은 동일하다.

9) 주의할 것은, 정부지출이 민간에 미치는 효과가 없다는 것이 아니라, 조세감면·국채발행이 민간에 미치는 효과가 없다는 것이다.

3 리카도 동등성 정리에 대한 비판

1) 미래조세 증가보다는 현재 조세감면이 중요할 수도 있다.

① 민간의 근시안적 소비행태(미래보다 현재를 중시)

② 유동성 제약(차입제약에 직면)

③ 미래조세 증가는 미래세대의 의무이지 현재세대의 의무가 아니라고 생각

2) 저축과 차입 관련한 가정이 현실적이지 못하다.

① 저축과 차입이 자유로워야 하지만, 현실에서는 그렇지 못하다.

② 저축이자율과 차입이자율이 동일해야 하지만, 현실에서는 그렇지 못하다.

3) 미래경제활동인구의 증가

① 경제활동인구란 조세의 부담을 지는 경제주체들의 집합을 의미하는데 만일 미래경제활동인구가 증가하면 미래 조세부담이 분산되는 효과

② 조세감면을 받는 현재세대는 미래 조세부담의 증가가 감소하기 때문에 리카도 동등성 정리가 성립하지 않게 된다.

③ 다만, 이러한 논거는 저출산 고령화 시대의 현실과는 괴리되어 타당성이 떨어지는 측면

ISSUE 06 케인즈의 화폐수요이론 및 보몰-토빈에 의한 보완

1 화폐수요에 대한 직관적 이해와 케인즈의 화폐수요이론

1) 경기가 좋아지면 화폐수요는 증가

2) 이자율이 상승하면 화폐수요는 감소

3) 불확실성이 커지면 화폐수요는 증가

4) 신용카드의 보급으로 화폐수요는 감소

2 케인즈의 유동성선호이론

1) 화폐수요 $\dfrac{M^D}{P} = L(Y, r) = kY - lr$ **(단, k : 화폐수요의 소득탄력성, l : 화폐수요의 이자율 탄력성)**

2) 거래적 화폐수요

① 거래목적을 위해서 화폐를 수요

② 소득이 증가하면 거래규모가 커지면서 거래적 화폐수요는 증가

③ 화폐수요(거래적 수요)의 소득탄력성이 작을수록 LM곡선은 완만

④ 불확실성에 대비한 예비적 수요도 소득증가 시 증가

3) 투기적 화폐수요

① 채권 등 수익성 자산에 투자하는 과정에서 일시적으로 화폐를 수요

 i) 현재 이자율이 매우 낮다면, 채권가격은 높은 상황

 ii) 미래에 이자율 상승 및 채권가격 하락을 기대

 iii) 미래 채권구입을 위해서 현재 화폐를 보유

② 이자율이 상승하면 투기적 화폐수요는 감소

③ 화폐수요(투기적 수요)의 이자율 탄력성이 클수록 LM곡선은 완만

4) 유동성함정

① 이자율이 매우 낮은 수준일 경우, 화폐수요가 무한히 증가하는 영역

② 화폐수요의 이자율 탄력성이 무한대

③ LM곡선이 수평

④ 재정정책은 최대효과가 나타나지만, 통화정책은 효과 없다.

3 보몰-토빈의 재고자산이론

1) 화폐수요 $M^D = \dfrac{M^*}{2} = P\sqrt{\dfrac{bY}{2i}}$, $\dfrac{M^D}{P} = \sqrt{\dfrac{bY}{2i}}$ (단, b : 거래비용)

2) 소득이 높을수록 화폐수요는 증가하며, 이자율이 높을수록 화폐수요는 감소한다.

3) 거래비용이 높을수록 화폐수요는 증가한다.

4) 화폐수요의 소득탄력성은 0.5

5) 화폐수요에 규모의 경제가 존재한다.

　① 소득이 증가할 때 화폐수요는 증가한다.

　② 그러나 체감적으로 증가한다.

　③ 소득증가에 따라 경제주체의 현금관리능력이 커지기 때문에 체감적으로 증가한다.

　④ 이를 화폐보유에 있어서 규모의 경제라고 한다.

4 토빈의 자산선택이론

1) 화폐 및 채권의 보유는 수익 및 위험이 동시에 발생

2) 화폐의 수익률은 0이지만, 화폐수요를 하는 것은 화폐가 무위험자산이기 때문

3) 화폐 및 채권의 보유로 인한 수익 및 위험이 창출해내는 효용을 극대화

4) 이자율 상승 시 효과

　① 대체효과

　　ⅰ) 이자율 상승에 따라서 화폐보유의 기회비용이 커진다.

　　ⅱ) 기회비용이 커진 화폐보유를 줄이고 대신 채권보유를 늘인다.

　② 소득효과

　　ⅰ) 이자율 상승에 따라서 실질소득이 증가한다.

　　ⅱ) 실질소득이 증가하면, 안전자산인 화폐보유를 늘리고, 위험자산인 채권보유를 줄인다.

ISSUE 07 고전학파의 화폐수요이론

1 교환방정식

1) **교환방정식 $MV = PT$은 항상 일치하는 항등식**

   M : 경제 내에 존재하는 화폐량, V : 유통속도(화폐의 평균지출횟수),

   P : 물가(거래당 평균단가), T : 전체거래량

2) **거래량 PT 대신 명목국민소득 PY를 이용**

   ① Y는 실질국민소득

   ② 고전학파적 견해에 따르면, 통화량이 아니라 생산요소와 생산기술을 반영하는 생산함수에 의해서 결정

3) **통화량, 화폐유통속도, 물가, 실질 GDP 간의 관계식**

4) **$M^S = M$이라고 하면, 단순한 항등식으로서의 교환방정식을 화폐수요함수로 해석가능**

5) **화폐수요 $M^D = \dfrac{1}{V} PY = kPY$ (화폐유통속도는 안정적)**

2 교환방정식의 함의

1) **화폐의 교환수단으로서의 기능을 강조**

2) **고전학파의 물가결정이론**

   ① 실질국민소득은 생산요소와 기술에 의해서 결정

   ② 따라서 물가는 통화량이 결정

   ③ 통화량이 증가하면 산출량의 명목가치(명목국민소득)가 그에 따라서 증가

3) **고전학파의 고전적 이분성, 화폐의 중립성**

4) **교환방정식의 변형 $\hat{M} + \hat{V} = \hat{P} + \hat{Y}$**

   ① 통화증가율 + 유통속도변화율 = 물가상승률 + 실질소득증가율(경제성장률)

   ② 유통속도가 불변인 경우 통화증가율 = 물가상승률 + 실질소득증가율(경제성장률)

5) **교환방정식의 해석을 통한 묵시적인 화폐수요함수의 도출**

3 현금잔고수량설

1) 가치저장수단, 즉 자산으로서의 화폐의 기능을 강조

2) 전체자산 가운데 화폐를 얼마나 보유하고 다른 형태의 자산을 얼마나 보유하느냐의 문제

3) 현금잔고방정식 $M^D = k\,P\,Y$ (단, M^D : 화폐수요, k : 마샬의 k, PY : 명목소득)

4 신화폐수량설

1) 거래수량설, 현금잔고수량설은 화폐유통속도가 일정하지만, 현실에는 단기적으로 변동한다.

2) 대체로 호황일 경우에는 유통속도가 빨라지고, 불황일 경우에는 유통속도가 늦어진다.

3) 신화폐수량설은 유통속도의 단기적 변동을 설명하는 프리드만의 이론

4) 자산으로서의 화폐의 기능을 강조하여 화폐는 미시적 선택으로서 자산의 한 형태로 수요

5) 화폐수요함수 $\dfrac{M^D}{P} = L\left(Y^P, i - i_m, \pi\right)$

($\dfrac{M^D}{P}$: 실질화폐수요, Y^P : 항상소득, i : 다른 자산의 수익률, i_m : 화폐의 수익률,

π : 인플레이션율)

6) 화폐수요는 항상소득에 의해 결정되며, 케인즈이론과 달리 이자율에 민감하지 않고 안정적

7) 화폐유통속도는 경기순행적으로 변동하나 안정적

ISSUE 08 화폐일반

1 화폐의 기능

1) 교환의 매개수단

2) 가치의 척도(회계의 단위)

3) 가치저장수단(현재의 구매력을 미래로 이전)

2 통화의 종류(통화지표 및 유동성지표)

1) 현금통화

2) 협의 통화 $M1$ = 현금통화 + 요구불예금 + 수시입출식 저축성예금

3) 광의 통화 $M2$ = $M1$ + 정기예적금, CD, RP, 금융채, 금전신탁, 수익증권, 외화예금

4) 금융기관 유동성 Lf = $M2$ + 정기예적금(2년 이상)

5) 광의 유동성 L = Lf + 국채, 지방채, 예금보험공사채, 자산관리공사채, 회사채, 기업어음

3 리디노미네이션

1) 개념

리디노미네이션은 통화의 명목가치변경 혹은 화폐단위의 변경으로서 화폐개혁(currency reform) 이라고도 하며, 이는 화폐의 실질가치의 하락(devaluation)과는 구별되는 개념이다.

2) 목적

① 물가상승으로 인하여 가격의 화폐단위 자릿수가 늘어나게 되어 나타나는 계산 및 거래의 불편과 오류를 줄이기 위해서 일괄적으로 자릿수를 절사하여 간략하게 표시할 목적이다.

② 국가적 차원에서 자국화폐의 가치나 품격을 제고하고자 하는 목적도 있으며 특히 OECD국가 중에서 한국이 화폐단위가 크다는 점에서 화폐개혁 문제가 계속 대두되고 있다.

3) 특징

① 리디노미네이션으로 인해서 계산 및 거래의 불편이 줄고 회계처리도 간편해질 수 있다.

② 시행과정에서 경제 전반적인 혼란의 문제는 엄청난 거래비용으로 작용할 수 있다.

③ 리디노미네이션 과정에서 화폐단위의 절사로 인하여 많은 품목의 가격이 상승할 뿐만 아니라 줄어든 화폐단위를 실질가치의 하락으로 받아들이는 민간의 혼동으로 인해서 수요가 증가하게 되어 인플레이션이 발생할 가능성이 매우 크다.

ISSUE 09 본원통화와 지급준비금

1 본원통화 = 현금통화 + 지급준비금

$$= \boxed{현금통화 + 시재금} + 지준예치금$$

$$= \boxed{화폐발행액} \quad + 지준예치금$$

2 본원통화의 공급

1) 중앙은행의 대차대조표

자산	부채와 자본

국내자산
  – 유가증권매입
  – 재할인대출
  – 대정부대출
	국내부채 : 본원통화
	  – 화폐발행
	  – 지준예치금

해외자산 – 외화매입	해외부채

2) 본원통화의 공급 : 공개시장 유가증권 매입, 재할인 대출, 대정부 대출, 해외자산의 취득

3 지급준비금과 지급준비율

1) 지급준비제도

① 부분지급준비제도(지급준비율이 1 미만)

② 완전지급준비제도(지급준비율이 1) → 이 경우 통화승수는 1이 된다.

2) 지급준비금(예금의 일부분)

= 예금액 – 대출액 = 법정지급준비금 + 초과지급준비금 = 지급준비율 × 예금액

3) 지급준비율

= 지급준비금 / 예금액 = 법정지급준비율 + 초과지급준비율

ISSUE 10 통화량과 통화승수

1 예금창조액

1) 총예금창조액 : 파생된 모든 요구불 예금의 합계

① 총예금창조액(D) = 본원적 예금(P) / 법정 혹은 필요지급준비율(r)

② 신용승수 $\dfrac{1}{r}$

2) 순예금창조액 : 총예금창조액에서 본원적 예금을 제외한 것

① 순예금창조액 = 총예금창조액(D) − 본원적 예금(P)

② 순신용승수 $\dfrac{1}{r} - 1$

2 통화공급방정식

1) 기본식

① $H = C + R$(본원통화 = 현금통화 + 지급준비금)

② $r = R / D$(지급준비율 = 지급준비금 / 예금통화)

③ $c = C / M$(현금통화비율 = 현금통화 / 통화)

④ $M = C + D$(통화량 = 현금통화 + 예금통화)

※ 현금통화가 그대로 예금되었고, 대출이 없었다면, 현금통화의 감소분, 지급준비금의 증가분, 예금통화의 증가분은 동일하고, 본원통화 및 통화량은 불변

※ 현금통화가 그대로 예금되었고, 대출이 있었다면, 현금통화의 감소분과 지급준비금의 증가분은 동일하므로 본원통화는 불변이며, 예금통화의 증가분은 예금창조액이므로, 통화량은 현금통화 감소분과 예금통화 증가분의 차액만큼 증가

2) 통화공급방정식 : $M = mH = \dfrac{1}{(c + r - cr)} H$

3) 통화승수 : $m = \dfrac{1}{(c + r - cr)}$ 또는 $m = \dfrac{k+1}{k+r}$

$c = C / M$(현금통화비율 = 현금통화 / 통화)

$r = R / D$(지급준비율 = 지급준비금 / 예금통화)

$k = C / D$(현금예금비율 = 현금통화 / 예금통화)

① 현금보유비율이 커지면 통화승수는 작아진다.
   (불확실성 혹은 거래적 목적으로 현금인출 증가, 현금보유 증가)
② 지급준비율이 커지면 통화승수는 작아진다.
③ 법정지급준비율이 일정한 경우, 초과지급준비율이 클수록 통화승수는 작아진다.

4) 통화승수와 통화공급방정식 계산

① 지급준비율, 현금예금비율 → 통화승수 계산

② 본원통화, 지급준비율, 현금통화비율 → 통화승수, 통화량 계산

③ 본원통화의 증가분(국채 매입액), 지급준비율, 현금통화비율
   → 통화의 증가분 계산

④ 본원통화의 증가분, 지급준비율, 현금예금비율
   → 통화의 증가분 계산

⑤ 통화의 목표 증가분, 지급준비율, 현금예금비율
   → 필요한 본원통화의 증가분 계산

⑥ 예금액, 대출액, 지급준비금, 법정지급준비율, 현금통화비율 0
   → 초과지급준비금을 모두 대출할 경우 통화의 증가분 계산

⑦ 예금액, 대출액, 지급준비금, 법정지급준비율
   → 초과지급준비금을 모두 대출할 경우 통화의 증가분 계산

3 화폐공급의 내생성

1) $M = mH = \dfrac{1}{(c + r - cr)} \ H = \dfrac{1}{(c(i) + r(i) - c(i)r(i))} \ H = M(i)$, **이자율의 증가함수**

① 현금보유비율과 지급준비율이 이자율의 감소함수
② 이에 따라 통화승수는 이자율의 증가함수가 되어 화폐공급은 이자율의 증가함수
③ 화폐공급은 이자율에 의하여 내생적으로 결정

2) **화폐공급의 내생성으로 인하여 LM곡선은 완만해지고, 재정정책의 유효성이 커진다.**

ISSUE 11 통화정책의 수단

1 공개시장 개입(본원통화 H에 영향)

1) 중앙은행이 채권시장에서 국공채 등의 유가증권을 매입 혹은 매각하여 통화량을 조절
2) 유가증권을 매입하면 본원통화 증가, 통화량 증가
3) 유가증권을 매도하면 본원통화 감소, 통화량 감소
4) 우리나라는 국공채가 충분치 않을 경우 통화안정증권(한국은행이 발행한 유가증권)으로 공개시장 조작(통화안정증권 발행, 매각하면 통화량 감소)

2 재할인율의 조절(본원통화 H에 영향)

1) 재할인율은 중앙은행이 예금은행에 대출하는 자금에 대해 부과하는 대출이자율
2) 재할인율을 인하하면, 예금은행은 중앙은행으로부터 낮은 이자율의 대출을 더 많이 받아 민간 부문에 대출을 늘리려는 유인이 커진다. → 본원통화 증가, 통화량 증가
3) 재할인율을 인상하면, 예금은행의 중앙은행으로부터의 차입이 감소 → 본원통화 감소, 통화량 감소

3 지급준비율 r의 조절(통화승수 m에 영향)

1) 지급준비율이 낮을수록 통화승수는 커지므로 통화량은 많아진다.
2) 지급준비율을 인하하면, 통화량이 늘어난다.
   ① 통화량 증가에 따라서 이자율 하락
   ② 예상되는 효과 : 저축 감소, 소득 증가, 물가 상승
3) 지급준비율을 인상하면, 통화량이 줄어든다.
4) 그러나 초과지급준비율의 존재로 인하여 통화승수에 미치는 효과가 불확실할 수 있다.
5) 은행의 수익성을 악화시킬 수 있으므로 다른 정책에 비해 잘 사용되지 않는다.

4 직접규제방식 : 여신한도제

1) 위의 방식들은 간접적인 방식에 의한 통화량의 조절이다.

2) 통화당국이 예금은행의 대민간여신에 직접적으로 개입하는 직접규제도 있다.

3) 금융기관별로 대출한도를 설정하고 이를 의무적으로 지키도록 하는 여신한도제이다.

5 양적완화정책

1) 기존의 통화정책은 주로 단기국채 매입을 통하여 통화량 증대 및 이자율 하락의 효과

2) 그러나 이자율이 0의 수준에 가까워짐에 따라 기존통화정책은 한계 봉착

3) 양적완화정책은 단기국채 대신 장기국채, 주택저당증권 등을 매입하여 은행의 활발한 대출을 통해서 시중에 유동성을 공급하고 장기이자율 하락 효과

※ 기타 통화량에 영향을 줄 수 있는 정부개입 혹은 은행의 자발적인 조정
  1) 정부개입 : 환율관리를 위한 달러 매입, LTV 한도를 규제하여 대출을 축소
  2) 은행조정 : 국제결제은행 기준 자기자본비율에 합치되도록 자발적 대출을 축소하여 자기자본비율 상향조정

※ 본원통화가 불변일 때, 통화량에 영향을 줄 수 있는 요인들
  1) 통화승수에 영향을 주는 요인들
  2) 현금통화비율
  3) 법정지급준비율, 초과지급준비율

ISSUE 12 통화정책의 경로

1 통화정책의 중간목표전략 : 실물과 화폐부문의 불안정성에 따라(W.Poole)

1) 실물부문이 불안정하여(예 투자수요변화) 경기변동의 원인일 경우 통화량 목표가 우월
2) 화폐부문이 불안정하여(예 화폐수요변화) 경기변동의 원인일 경우 이자율 목표가 우월

2 통화정책의 파급경로(전달기구, 전달경로)

1) **이자율경로** : 통화량 변동 → 단기, 장기이자율 변동 → 투자, 소득 변동
2) **자산경로** : 통화량 변동 → 주식가격 변동 → 투자, 소득 변동
3) **실질잔고효과 경로** : 통화량 변동 → 화폐실질잔고(부)의 변동 → 소비, 소득 변동
4) **환율경로** : 통화량 변동 → 이자율 변동 → 환율 변동 → 순수출, 소득 변동
5) **신용경로(credit channel)** : 은행대출을 통한 파급
    ① 은행대출경로(bank lending channel)
        ⅰ) 통화정책은 은행대출에 영향을 주게 되고, 이 은행대출은 지출이 가능한 민간부문의 차입 및 지출에 큰 영향을 준다.
        ⅱ) 은행과 자금차입자 간 정보의 비대칭성이 존재하기 때문에 은행은 금리를 높이기보다 신용도 높은 차입자를 선별, 대출한다(신용할당을 통한 역선택 및 도덕적 해이 문제 완화).
        ⅲ) 이자율이 정보를 제대로 반영하지 못할 경우 이자율의 신뢰성이 저하된다.
        ⅳ) 금융자유화 등으로 자금조달경로가 다양해지면 신용경로의 중요성이 작아진다.
    ② 대차대조표 경로(balance sheet channel)
        ⅰ) 통화정책은 기업의 자산가격 및 대차대조표에 영향을 미친다.
        ⅱ) 자산가격 변화에 따라 담보가치가 변화하므로 은행대출이 변화한다.

3 물가안정목표제(inflation targeting scheme)

1) 통화당국이 최종정책목표인 물가안정에 대하여 명시적으로 목표를 설정하고, 이를 다양한 방식을 통해서 달성하고자 하는 방식
2) 통화량, 이자율, 환율, 기대인플레이션 등 다양한 변수들을 활용하여 목표를 달성

CHAPTER

09

경제성장이론

경제성장이론

ISSUE 01   솔로우 모형 일반

1   솔로우 모형의 의의

1) 노동력증가율과 기술진보율이 일정한 상황에서 자본의 축적으로 생산이 증가하면서 경제는 성장할 수 있다.

2) 그러나 자본의 한계생산은 감소하기 때문에 결국엔 성장은 멈추게 된다.

3) 즉, 자본축적만으로는 지속적인 경제성장이 불가능하다.

4) 지속적인 경제성장은 기술진보를 통해서 가능하다.

5) 즉, 생산요소의 축적이 아니라 생산성 향상을 통해서 경제는 지속적으로 성장한다.

2   솔로우 모형의 균제상태

1) 균제상태의 의의와 조건

① 시간이 지나도 1인당 자본량의 변화 없이 일정하게 유지되는 상태를 균제상태라고 한다.

② 자본축적의 방정식 $\dot{k} = s\,f(k) - (n+\delta)\,k$, $s\,f(k) = (n+\delta)\,k$

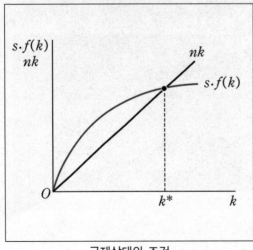

균제상태의 조건

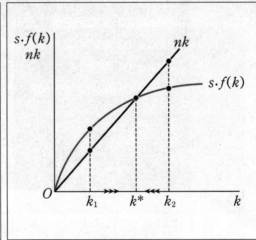

균제상태의 안정성

2) 균제상태의 특징

① 1인당 자본량의 변화가 없으며 1인당 자본은 일정하게 유지되어 불변이다.

② 1인당 자본이 불변이므로 1인당 생산도 불변이다.

③ 1인당 생산이 불변이므로 저축률이 일정한 상태에서 1인당 저축도 불변이다.

④ 1인당 저축이 불변이므로 경제의 균형이 유지된 상태에서 1인당 투자도 불변이다.

3) 균제상태에서의 성장률

① 균제상태에서는 1인당 자본, 1인당 생산, 1인당 저축, 1인당 투자 모두 불변이다.

② 따라서 1인당 자본, 1인당 생산, 1인당 저축, 1인당 투자 모두 증가율이 0이다.

③ 그러나 총자본, 총생산, 총저축, 총투자는 모두 인구증가율(n)과 같은 속도로 증가한다.

④ 자본축적을 통해서는 1인당 생산을 영구적으로, 지속적으로 증가시킬 수 없다.

⑤ 즉, 장기적인 경제성장률은 0이다.

3 솔로우 모형 균제상태의 변화

1) 균제상태의 변화

① 균제상태를 결정하는 요인이 변화할 경우 균형성장경로가 변화하게 된다.

자본축적의 방정식 $\dot{k} = s\,f(k) - (n + \delta)\,k, \quad s\,f(k) = (n + \delta)\,k$

② 균제상태를 결정하는 요인은 저축률, 인구증가율, 감가상각률이며 이들이 변화할 경우 균제상태는 변화한다.

2) 저축률의 변화

① 저축률이 상승하여 저축함수가 상방 이동하면, 균제상태에서 1인당 자본이 증가하고 1인당 생산이 증가한다(수준효과는 있음).

② 1인당 생산의 증가율의 경우, 현재 상태에서 저축이 증가할 경우 새로운 균제상태로 이동하는 경로에서 성장률이 상승한다. 그러나 이러한 성장률의 상승은 일시적이며, 결국 경제는 균제상태에 도달하게 되고, 1인당 생산의 증가율은 다시 0이 된다(성장효과는 없음).

③ 따라서 무조건적으로 저축률을 올리는 것이 장기적으로 지속적인 경제성장을 위한 대안이 될 수는 없다.

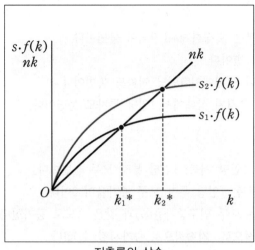

저축률의 상승

3) 인구증가율의 변화

① 인구증가율이 상승하여 1인당 필요투자선이 상방 이동하면, 균제상태에서 1인당 자본이 감소하고 1인당 생산은 감소한다.

② 그러나 인구증가율의 상승은 1인당 생산은 감소시키지만, 경제의 규모를 증가시키기 때문에 경제전체의 성장률은 상승한다.

③ 1인당 생산 $\dfrac{Y}{L}$ = y의 증가율 = Y의 증가율 $-$ L의 증가율 = Y의 증가율 $-$ n = 0

∴ 총생산 Y의 증가율 = n

4) 기술진보

① 기술진보로 인하여 생산함수가 상방 이동하면, 균제상태에서 1인당 자본이 증가하고 1인당 생산이 증가한다.

② 그러나 기술진보로 1인당 생산함수가 상방으로 이동하더라도 생산함수의 오목한 형태가 그대로 유지되기 때문에 여전히 수확체감 법칙이 작동한다. 따라서 새로운 균제상태에서는 지속적인 성장률의 증가를 가져올 수 없다.

③ 만일 기술진보가 꾸준히 지속적으로 이루어진다면, 1인당 자본과 1인당 소득이 지속적으로 증가, 성장하게 되므로 오직 지속적인 기술진보만이 지속적인 경제성장을 가져올 수 있다.

4 황금률

1) 황금률의 의의

① 균제상태의 최적성을 판단함에 있어서 무조건 1인당 소득이 높다고 하여 좋은 것이 아니라 1인당 소비 수준이 높아야 후생이 커지는 것이다.

② 자본의 황금률 수준은 1인당 소비를 극대화하는 1인당 자본의 수준을 의미한다.

2) 균제상태에서 1인당 소비

① 균제상태 $\dot{k} = s\,f(k) - (n+\delta)k = 0$ 인 k^* 도출

② 균제상태에서 1인당 소득 $y^* = f(k^*)$

③ 균제상태에서 1인당 저축 $s\,y^* = s\,f(k^*) = (n+\delta)\,k^*$

④ 균제상태에서 1인당 소비 $c^* = y^* - s\,y^* = f(k^*) - (n+\delta)\,k^*$

3) 균제상태에서의 1인당 소비를 극대화하는 k^*

① 균제상태에서 1인당 소비 $c^* = y^* - s\,y^* = f(k^*) - (n+\delta)\,k^*$ 가 극대화되려면

② $f(k)$ 의 기울기와 $(n+\delta)k$ 의 기울기가 같은 점을 찾아야 한다.

③ ∴ $f'(k) = n+\delta$ 을 만족하는 k^* 를 구하면 된다. 이것이 황금률의 자본축적량이 된다.

④ $f'(k)$ 는 자본의 한계생산성을 의미한다.

4) 균제상태에서의 1인당 소비를 극대화하는 k^* 를 달성시키는 저축률

① 위에서 구한 k^* 를 이용하여 $k = k^*$ 직선을 표시

② $k = k^*$ 와 자본유지 $(n+\delta)\,k$ 의 교점을 $s\,f(k)$ 가 통과하도록 만들어주는 저축률 S^G 도출

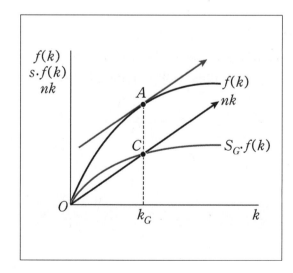

황금률의 상태를 수식으로 표현하면 다음과 같다.

$C = f(k) - s\,f(k)$,

$s\,f(k) = (n+\delta)k$,

$Max\,C$ 의 조건을 의미한다.

이때 황금률의 1인당 자본량 k_G 은

$$\frac{dC}{dk} = 0$$

∴ $f'(k) = (n+\delta)$ 를 풀면

k_G 가 도출된다.

5 수렴성

1) 의의

저소득 국가들이 선진국보다 빨리 성장하여 결국은 저소득 국가들과 선진국 간에 소득 수준이 비슷해지는 성질이나 현상을 수렴성 혹은 수렴현상이라고 한다.

2) 수렴성이 나타나는 이유

① 솔로우 모형에서 가정하고 있는 생산함수의 수확체감의 법칙 때문이다.

② 1인당 자본 축적 수준이 높은 부유한 국가에서는 자본의 한계생산성이 낮다.
  그러나 1인당 자본축적 수준이 낮은 가난한 국가에서는 자본의 한계생산성이 높다.

③ 따라서 부유한 나라보다는 가난한 나라에서 자본축적의 유인이 커질 뿐만 아니라 부유한 나라에서 가난한 나라로 자본이 이동하게 되어 더욱 자본축적의 속도가 빨라진다.

④ 결국, 두 나라 모두 장기 균제상태로 가게 되는데 균제상태에서 1인당 자본량과 1인당 생산량은 각각 같은 수준으로 수렴하게 된다.

3) 절대적 수렴

① 시간이 지나면서 반드시 국가 간 소득격차가 줄어드는 것을 의미한다.

② 처음에는 1인당 자본량에 차이가 있지만, 자본축적의 속도가 상이하므로(선진국의 축적속도는 느리고 후진국의 축적속도는 빠르다), 점차 그 격차가 줄어들게 된다.

③ 1인당 자본량에 차이가 있는 선진국과 후진국이 결국에 동일한 균제상태 수준을 달성하게 되고 이로 인해 동일한 1인당 자본량을 갖기 때문에 나타나는 현상이다.

4) 조건부 수렴

① 일정한 조건하에서만 국가 간의 소득 격차가 줄어드는 것을 말한다.

② 비슷한 경제여건을 가진 국가들 사이에서만 소득의 수렴현상이 나타난다.

③ 각 국가들의 경제여건(저축률, 인구증가율, 감가상각률 등)이 다르다면, 각각 국가별로 균제상태가 다르게 되며, 이는 각각 상이한 1인당 자본, 1인당 생산을 의미하므로 절대적 수렴은 나타나지 않는 것이다.

ISSUE 02 솔로우 모형 : 균제상태 계산

1 모형의 설정

1) 일반함수모형

① $Y = F(K, L)$

② $\dfrac{Y}{L} = F(\dfrac{K}{L}, \dfrac{L}{L}) = F(\dfrac{K}{L}, 1)$

③ $y = F(k, 1)$

④ $y = f(k)$

⑤ $\dot{k} = sy - (n+\delta)k$

$$\dfrac{\dot{k}}{k} = (\widehat{\dfrac{K}{L}}) = \widehat{K} - \widehat{L} = \dfrac{\dot{K}}{K} - n = \dfrac{I - \delta K}{K} - n = \dfrac{sY - \delta K}{K} - n = \dfrac{s\dfrac{Y}{L} - \delta\dfrac{K}{L}}{\dfrac{K}{L}} = \dfrac{sy - \delta k}{k} - n$$

2) C–D함수모형

① $Y = AK^{\alpha}L^{1-\alpha}$

② $\dfrac{Y}{L} = A(\dfrac{K}{L})^{\alpha}(\dfrac{L}{L})^{1-\alpha} = A(\dfrac{K}{L})^{\alpha}1^{1-\alpha}$

③ $y = Ak^{\alpha}1^{1-\alpha}$

④ $y = Ak^{\alpha}$

⑤ $\dot{k} = sf(k) - (n+\delta)k = sAk^{\alpha} - (n+\delta)k$

2 균제상태

1) 일반함수모형

① 균제조건 $\dot{k} = sf(k) - (n+\delta)k = 0$

② 균제상태에서의 1인당 자본량 k^{*}

2) C–D함수모형

① 균제조건 $\dot{k} = sAk^{\alpha} - (n+\delta)k = 0$

② 균제상태에서의 1인당 자본량 $k^{*} = (\dfrac{sA}{n+\delta})^{\frac{1}{1-\alpha}}$

ISSUE 03 솔로우 모형 : 황금률 계산

1 황금률 모형

1) 일반함수모형

① 황금률 조건

$C = f(k) - s\,f(k)$

$s\,f(k) = (n+\delta)k$

$Max\ C$

② 황금률의 1인당 자본량 k_G

$\therefore \dfrac{dC}{dk} = 0$ $\therefore f'(k) = (n+\delta)$를 풀면 k_G 도출

③ 황금률의 저축률 s_G

앞에서 구한 k_G를 제약식에 대입하면 s_G 도출

$\therefore s_G = \dfrac{(n+\delta)k_G}{f(k_G)}$

2) C-D함수모형

① 황금률 조건

$C = Ak^{\alpha} - s\,Ak^{\alpha}$

$s\,Ak^{\alpha} = (n+\delta)k$

$Max\ C$

② 황금률의 1인당 자본량 k_G

$\therefore \dfrac{dC}{dk} = 0$ $\therefore A\alpha k^{\alpha-1} = (n+\delta)$를 풀면 k_G 도출

$\therefore k_G = \left(\dfrac{\alpha A}{n+\delta}\right)^{\frac{1}{1-\alpha}}$

③ 황금률의 저축률 S_G

앞에서 구한 k_G를 제약식에 대입하여 구한다.

$\therefore$ 황금률의 저축률 $S_G = \alpha$ 가 된다.

2 자본축적의 황금률과 실질이자율

1) 자본축적의 황금률은 $f'(k) = n$ 을 만족하는 k^* 의 균제상태에서 달성된다.

2) 감가상각을 고려하면 $f'(k) = n + \delta$ 이다.

3) $f'(k)$ 가 자본의 한계생산성임을 고려하면, $MP_K = n + \delta$ 이다.

4) 따라서 $n = MP_K - \delta$

5) 그런데 $MP_K - \delta = r$ (실질이자율)

6) 따라서 실질이자율과 인구증가율이 같을 때 자본축적의 황금률이 달성될 수 있다.

3 자본축적의 황금률과 동태적 비효율성

1) 저축률이 지나치게 높아서 황금률의 저축률 수준을 상회할 경우, 현재 균제상태가 과다한 자본축적 상태임을 의미한다.

2) 즉, 높은 저축률로 인해서 그만큼 소비가 희생되었으며, 소비 희생을 통해서 과다하게 자본을 축적한 것이다.

3) 이런 경우에는 저축률을 영구적으로 낮추어서 1인당 자본량을 감소시켜서 균제상태에서 1인당 소비 수준을 높일 수 있다.

4) 이렇게 높은 저축률, 과다한 자본축적 상태를 동태적 비효율성이라고 한다.

ISSUE 04 성장회계

1 Cobb-Douglas 생산함수의 설정

1) $Y = AK^{\alpha}L^{1-\alpha}$(단, Y : 생산량, K : 자본, L : 노동, A : 기술수준 혹은 총요소생산성, $0 < \alpha < 1$)

2) 자연로그로 변형 $\ln Y = \ln A + \alpha \ln K + (1-\alpha)\ln L$

    시간에 대하여 미분 $\widehat{Y} = \widehat{A} + \alpha \widehat{K} + (1-\alpha)\widehat{L}$

3) $Y = AK^{\alpha}L^{1-\alpha}$ 에서 $MP_L = AK^{\alpha}(1-\alpha)L^{-\alpha}$ 이며, 이는 노동의 보수이다.

    노동의 총보수는 $LMP_L = AK^{\alpha}(1-\alpha)L^{1-\alpha} = (1-\alpha)Y$ 가 된다.

4) $Y = AK^{\alpha}L^{1-\alpha}$ 에서 $MP_K = A\alpha K^{\alpha-1}L^{1-\alpha}$ 이며, 이는 자본의 보수이다.

    자본의 총보수는 $KMP_K = A\alpha K^{\alpha}L^{1-\alpha} = \alpha Y$ 가 된다.

2 성장회계의 해석

1) $\widehat{Y} = \widehat{A} + \alpha \widehat{K} + (1-\alpha)\widehat{L}$ (단, α : 자본의 분배몫, $1-\alpha$: 노동의 분배몫)

2) **경제성장률**

    총요소생산성 증가율 + (자본의 분배몫 × 자본증가율) + (노동의 분배몫 × 노동증가율)

3 1인당 성장회계로의 변형

1) $\widehat{Y} = \widehat{A} + \alpha \widehat{K} + (1-\alpha)\widehat{L}$ 의 양변에서 노동증가율을 뺀다.

2) $(\widehat{Y} - \widehat{L}) = \widehat{A} + \alpha(\widehat{K} - \widehat{L}) \rightarrow \widehat{y} = \widehat{A} + \alpha \widehat{k}$

3) 1인당 소득의 증가율은 총요소생산성 증가율 + (자본의 분배몫 × 1인당 자본의 증가율)

4) 1인당 소득의 증가는 결국 1인당 자본의 축적 또는 기술진보에 의하여 가능하다.

ISSUE 05 내생적 성장이론

1 솔로우 모형의 한계

1) 저축률의 외생적 결정

2) 인구증가율의 외생적 결정

3) 기술진보율의 외생적 결정

4) 국가별 소득격차의 문제

2 AK모형

1) 자본을 지식자본 및 인적자본으로 포괄하는 개념으로 확장하거나 자본의 외부경제성을 가정하면 자본의 수확체감이 일어나지 않을 수 있다. 따라서 기술진보 없이 지속적 성장이 가능할 수 있다.

2) 그러나 엄밀하게는 이 모형에도 기술이 지식자본, 인적자본으로 포섭될 수 있기 때문에, 기술진보를 고려하지 않는다기보다는 수확체감이 일어나지 않도록 고안된 모형이다. 즉, 지식을 자본의 한 형태로 보고 있다.

3) 생산요소의 축적만으로도 지속적인 경제성장이 가능하다. 이를 위해서 저축률이 성장률을 결정하는 중요한 요소이다. 따라서 저축률을 증가시키는 다양한 정부정책이 지속적인 경제성장을 가져올 수 있다.

4) AK모형에 의하면, 자본을 지식자본 및 인적자본으로 확장하여 자본의 수확체감이 일어나지 않기 때문에 솔로우 모형과 달리 수렴성이 나타나지 않고 국가 간 소득격차가 유지될 수 있는 근거가 된다.

5) 생산함수와 자본축적방정식

$Y = AK$(단, Y : 생산, K : 자본, A : 고정된 상수)

① $\dot{K} = sY - \delta K = sAK - \delta K$

(단, $\dot{K}$: 자본의 축적, s : 저축률, δ : 감가상각률, A : 고정된 상수)

$sA > \delta$인 경우 자본의 축적에 따라서 지속적인 경제성장 가능

② $\dot{k} = sAk - (n+\delta)k$

(단, $\dot{k}$: 1인당 자본의 축적, s : 저축률, n : 인구증가율, δ : 감가상각률, A : 고정된 상수)

$sA > n+\delta$인 경우 1인당 자본도 지속적으로 증가하여 자본의 축적만으로도 지속적인 경제성장 가능

3 인적자본모형 : 인적자본의 경합성과 배제가능성

1) 자본을 물적자본과 인적자본으로 구분하여 인적자본의 증가에 의해서 물적자본 및 노동의 생산성이 지속적으로 향상될 수 있다.

2) 인적자본과 실물자본이 동시에 축적된다면, 실물자본의 생산성이 지속적으로 상승하여 자본의 수확체감현상이 발생하지 않을 수 있고, 지속적인 경제성장이 가능하다.

4 R&D모형 : 지식자본모형, 지식의 비경합성과 배제가능성

1) 경제 내의 노동을 두 종류로 구분하면 경제 내에 재화를 생산하는 생산부문과 기술을 생산하는 연구개발부문이 존재한다.

2) 기술진보가 연구개발부문에서 이루어지는 정도는 연구개발 인력뿐만 아니라 기존의 지식스톡이 얼마나 많은지에 영향을 받는다.

3) 지식의 수준이 노동의 효율성을 결정하며, 노동의 효율성, 즉 지식 및 기술은 경제 내에서 지속적으로 증가가 가능하다. 그러나 지식의 생산 정도에 따라서 정체될 수도 있다.

4) 개별기업의 지식자본수준은 경제전체의 물적자본수준에 의존하며 개별기업의 생산수준은 결국 그 개별기업의 자본량뿐만 아니라 경제전체의 자본량에도 의존한다.

5) 이를 자본의 외부경제성이라고 하며, 자본에 의해 축적되는 지식의 비경합성과 비배제성으로 인해 자본으로부터의 사적 이득이 사회적 이득보다 낮게 된다.

6) 그런데 지식은 다른 사람이 이를 사용하는 것을 방지할 수 있다는 점에서 어느 정도는 배제가능성을 가진다. 이는 기술에 대한 지식재산권 관련 법, 제도적 장치에 달려있으며, 이러한 제도가 잘 정비되어 있을 경우 지대추구행위에 의하여 지식, 기술이 축적된다.

7) R&D모형은 기술 및 지식이 모형 내에서 내생적으로 결정되는 모형으로서 자본의 한계생산이 감소하지 않게 된다(모형에 따라서는 자본의 한계생산은 감소하지만, 기술진보에 의해서 생산함수가 지속적으로 상방 이동하는 것으로 보는 경우도 있다).

8) R&D모형을 매우 단순화하면 AK모형과 일치하게 된다.

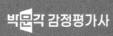
박문각 감정평가사

PART

03

국제경제학

CHAPTER

01

국제무역이론

국제무역이론

ISSUE 01 자유무역의 효과

1 수입의 무역이득

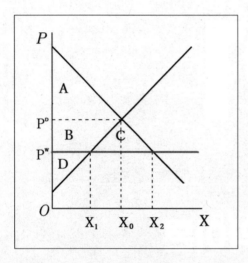

① 무역 이전의 상황

  ⅰ) 가격 : P^D

  ⅱ) 생산량 : X_0, 소비량 : X_0

  ⅲ) 소비자잉여 : A

  ⅳ) 생산자잉여 : $B + D$

  ⅴ) 사회총잉여 : $A + B + D$

② 무역 이후의 상황

  ⅰ) 가격 : P^W으로 하락

  ⅱ) 생산량 : X_1으로 감소, 소비량 : X_2로 증가

  ⅲ) 소비자잉여 : $A + B + C$로 증가

  ⅳ) 생산자잉여 : D로 감소

  ⅴ) 사회총잉여 : $A + B + C + D$로 증가

③ 무역 전후의 비교
  ⅰ) 소비자잉여 : $B + C$만큼 증가
  ⅱ) 생산자잉여 : B만큼 감소
  ⅲ) 사회총잉여 : C만큼 증가

2 **수출의 무역이득**

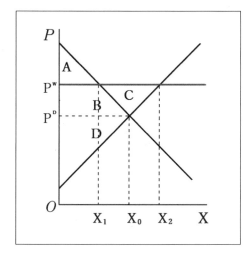

① 무역 이전의 상황
  ⅰ) 가격 : P^D
  ⅱ) 생산량 : X_0, 소비량 : X_0
  ⅲ) 소비자잉여 : $A + B$
  ⅳ) 생산자잉여 : D
  ⅴ) 사회총잉여 : $A + B + D$

② 무역 이후의 상황
  ⅰ) 가격 : P^W으로 상승
  ⅱ) 생산량 : X_2로 증가, 소비량 : X_1으로 감소
  ⅲ) 소비자잉여 : A로 감소
  ⅳ) 생산자잉여 : $B + C + D$로 증가
  ⅴ) 사회총잉여 : $A + B + C + D$로 증가

③ 무역 전후의 비교
  ⅰ) 소비자잉여 : B만큼 감소
  ⅱ) 생산자잉여 : $B + C$만큼 증가
  ⅲ) 사회총잉여 : C만큼 증가

ISSUE 02 리카도 무역이론

1 의의

1) 모든 국가는 절대우위재화가 없는 경우라도 각각 비교우위가 있는 재화를 가진다.
2) 비교우위는 노동생산성에 의해서 결정된다.

2 모형의 가정

1) 노동만이 유일한 생산요소
2) 재화의 가치는 노동투입량에 의해 결정(노동가치설)
3) 규모에 대한 보수불변의 생산함수(생산량의 변화에도 불구하고 평균비용 일정)

3 모형의 내용

구분	X재	Y재	상대가격	비교우위 판정
A국	a_X	a_Y	$(\dfrac{P_X}{P_Y})^A = (\dfrac{a_X}{a_Y})^A$	$(\dfrac{P_X}{P_Y})^A < (\dfrac{P_X}{P_Y})^B$, X재에 비교우위
B국	a_X^*	a_Y^*	$(\dfrac{P_X}{P_Y})^B = (\dfrac{a_X}{a_Y})^B$	$(\dfrac{P_X}{P_Y})^A < (\dfrac{P_X}{P_Y})^B$, Y재에 비교우위

1) **X재의 단위노동투입량 a_X** : X재 1단위를 만드는 데 필요한 노동투입량

$$X = \frac{1}{a_X} L_X, \ L_X = a_X X \qquad \textbf{cf} \ 1/a_X : X재 \ 생산 \ 시 \ 노동 \ 1단위의 \ 생산성$$

2) **Y재의 단위노동투입량 a_Y** : Y재 1단위를 만드는 데 필요한 노동투입량

$$Y = \frac{1}{a_Y} L_Y, \ L_Y = a_Y Y \qquad \textbf{cf} \ 1/a_Y : Y재 \ 생산 \ 시 \ 노동 \ 1단위의 \ 생산성$$

3) 가격의 결정

① 노동가치설에 의하여 재화의 가격은 노동의 투입량에 의해 결정된다.

② 각 재화의 가격 및 상대가격 : $P_X = w \cdot a_X$, $P_Y = w \cdot a_Y$, $p = \dfrac{P_X}{P_Y} = \dfrac{w \cdot a_X}{w \cdot a_Y} = \dfrac{a_X}{a_Y}$

4) 교역의 결정

① A국의 상대가격 $(\dfrac{P_X}{P_Y})^A = (\dfrac{a_X}{a_Y})^A < B$국의 상대가격 $(\dfrac{P_X}{P_Y})^B = (\dfrac{a_X}{a_Y})^B$인 경우

A국은 X재에 비교우위를 가지며 이를 특화·생산하여 수출한다.

② 교역조건은 $(\dfrac{P_X}{P_Y})^A = (\dfrac{a_X}{a_Y})^A$와 $(\dfrac{P_X}{P_Y})^B = (\dfrac{a_X}{a_Y})^B$ 사이에서 결정된다.

4 모형의 한계

1) 노동생산성의 결정요인

리카도모형에 의하면 무역의 발생원인은 양국 간 노동생산성의 차이인데 그 노동생산성을 결정 짓는 것이 무엇인지에 대하여 제대로 설명하지 못하고 있다.

2) 완전특화

리카도모형에 의하면 양국 간 무역이 발생하게 되면 양국은 각자 비교우위가 있는 재화에만 완전 특화하여 수출하게 되는데 이는 사실상 현실과 부합되지 않는다. 현실에서는 수입품에 대하여 국내생산이 어느 정도 이루어지고 있어서 수입대체산업이 존재하고 있다.

3) 가격의 결정

리카도모형에 의하면 재화가격이 수요조건과는 관계없이 공급조건에 의해서만 결정되는데 현실 에서 재화가격은 수요와 공급에 의하여 결정된다.

4) 생산요소

리카도모형에 의하면 생산요소로서 노동만을 고려하고 다른 요소인 자본이나 토지는 고려하지 않고 있기 때문에 무역을 통해서 발생하는 요소 간 소득분배효과에 대하여 설명하지 못한다는 한계가 있다.

ISSUE 03 헥셔-올린 이론

1 의의

1) 노동풍부국은 노동집약재에, 자본풍부국은 자본집약재에 비교우위를 갖는다.

2) 국가의 요소부존도가 비교우위를 결정한다.

2 모형의 가정

1) 노동, 자본 2개 생산요소

2) 양국의 기술체계, 생산함수는 동일

3) 양국의 선호체계, 후생함수는 동일

4) 양국은 요소부존도 차이(노동풍부국, 자본풍부국)

5) 양국의 상품시장, 요소시장은 완전경쟁적(재화가격과 요소가격에 대한 가격수용자)

6) 산업 간 생산요소의 이동은 자유(산업 간 생산요소의 보수는 일치)

7) 두 재화의 요소집약도는 상이(노동집약재, 자본집약재)

8) 운송비, 관세 등 무역장벽은 없다(무역 후 양국의 상품가격은 동일).

9) 생산함수는 규모에 대한 보수 불변

3 모형의 내용

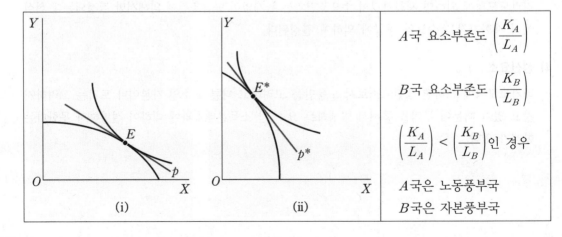

A국 요소부존도 $\left(\dfrac{K_A}{L_A}\right)$

B국 요소부존도 $\left(\dfrac{K_B}{L_B}\right)$

$\left(\dfrac{K_A}{L_A}\right) < \left(\dfrac{K_B}{L_B}\right)$ 인 경우

A국은 노동풍부국
B국은 자본풍부국

1) A국의 X재 상대가격$(p = \dfrac{P_X}{P_Y})$은 B국의 상대가격$(p^* = \dfrac{P_X^*}{P_Y^*})$보다 더 낮다.

2) A국은 X재에 비교우위를 가지고, B국은 Y재에 비교우위를 가진다.

3) 따라서 헥셔-올린 이론에 의하면 다음과 같다.

① 노동풍부국 A국은 노동집약재 X재에 비교우위를 가진다.
② 자본풍부국 B국은 자본집약재 Y재에 비교우위를 가진다.

4 요소가격균등화 정리

1) 의의

무역이 발생하여 국가 간에 재화가 자유로이 이동하게 되면 양국의 요소가격은 같아진다. 양국 간에 임금-임대료 비율이 같아질 뿐만 아니라, 요소의 절대가격도 국가 간에 동일해진다. 이를 요소가격균등화 정리라고 한다.

2) 한계

요소가격균등화 정리의 예측과는 달리 현실에서는 국가 간 요소가격은 같지 않다. 국가 간 임금 차이가 발생하는 원인으로는 국가 간에 노동의 질, 생산함수, 생산하는 재화에 차이가 있거나 무역장벽이 존재하는 경우를 들 수 있다.

5 스톨퍼-사무엘슨 정리

1) 의의

한 재화의 가격 상승은 이 재화 생산에 집약적으로 사용되는 요소의 실질보수를 상승시키고 그렇지 않은 다른 요소의 실질보수를 하락시키는데 이를 스톨퍼-사무엘슨 정리라고 한다.

2) 요소가격균등화 정리와의 차이

요소가격균등화 정리가 무역이 국가 간 요소가격(예 국가 간 노동가격, 국가 간 자본가격)에 미치는 영향을 분석한 것이라면, 스톨퍼-사무엘슨 정리는 무역이 풍부하게 부존된 요소의 가격과 그렇지 않은 요소의 가격에 미치는 영향을 분석한 것이다(예 풍부요소인 노동가격, 희소요소인 자본 가격).

6 립친스키 정리

1) 가정

소국경제를 대상으로 하여 생산이 변화하더라도 국제시장가격은 불변이라고 가정한다. 요소상대가격, 요소집약도도 모두 불변으로 가정한다. 노동과 자본은 완전고용된다.

2) 의의

소규모 개방경제하 재화가격이 불변인 상태에서 어떤 생산요소의 부존량이 증가하면 그 생산요소를 집약적으로 사용하여 생산되는 재화의 생산량은 절대적으로 증가하지만, 그렇지 않은 재화의 생산량은 절대적으로 감소한다. 이를 립친스키 정리라고 한다.

3) 네덜란드병(Dutch Disease)

네덜란드는 1960년대에 북해에서 막대한 매장량의 천연가스를 발견하였다. 그러나 천연가스 생산량이 증가할수록 네덜란드의 공업부문은 점점 축소되었고 이렇게 천연자원의 발견으로 공업부문이 심각한 타격을 받는 현상을 네덜란드병 혹은 화란병이라고 한다.

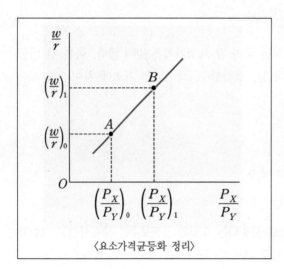

〈요소가격균등화 정리〉

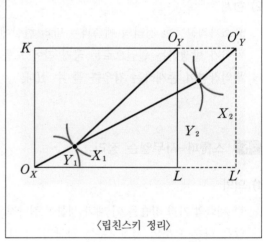

〈립친스키 정리〉

ISSUE 04 산업내 무역이론

1 규모의 경제와 국제무역

1) 의의

규모의 경제하 무역이론은 제품이 다양화, 차별화되어 있는 상황에서 규모의 경제를 가정할 경우, 국가 간에 노동생산성과 요소부존도에 차이가 없더라도 무역이 발생함을 보여준다.

2) 제품차별화

① 현실을 보면, 같은 산업 내의 여러 기업에서 생산되는 제품들이 차별화된 경우가 많다.

② 같은 종류의 제품이지만, 서로 차이가 있는 경우를 제품차별화라고 한다.

③ 예 다양한 브랜드의 양복, 신발 등

④ 이러한 제품차별화는 사람들이 다양성을 선호하기 때문에 발생하게 된다.

⑤ 제품차별화로 인해서 각 기업들은 자기 제품에 대해 어느 정도 독점력을 갖게 된다.

⑥ 그러나 제품차별화는 한계가 있다. 단일제품만 생산되면 규모의 경제 효과에 따라서 가격이 낮아지지만, 여러 제품을 생산하면 규모의 경제 효과를 누릴 수 없어서 가격이 상승한다.

3) 규모의 경제

① 국가 간 특정제품에만 특화하여 교역하는 경우
규모의 경제 효과에 의해서 가격경쟁력을 갖게 되고 교역이 가능하다.

② 국가 간 다양한 제품들을 서로 생산하여 교역하는 경우
규모의 경제 효과는 얻을 수 없으나 제품차별화에 따른 다양성 이득은 얻으며 교역 가능하다.

③ 국가 간 적절한 수의 다양한 제품에 특화하여 교역하는 경우
규모의 경제 효과와 제품차별화의 이득을 동시에 얻을 수 있다. 국가 간에 기술체계 및 선호체계가 동일하더라도 무역이 발생할 수 있다.

2 불완전경쟁과 국제무역

1) 의의

제품차별화가 규모의 경제가 존재하는 독점적 경쟁시장에서 무역으로 인하여 시장규모가 확대되는 경우 규모의 경제가 작동하여 가격은 하락하고, 시장확대로 진입기업이 늘어나게 되어 더욱 제품의 다양성을 높여서 소비자 후생을 증진시킨다.

2) 규모의 경제 효과

① 독점적 경쟁시장에서 장기에 기업의 진입과 탈퇴가 자유롭다고 하자.
② 시장의 크기가 주어진 경우 진입하는 기업이 많아지면 개별기업의 생산량은 감소한다.
③ 생산량의 감소로 인하여 규모의 경제 효과를 누릴 수 없게 된다.
④ 따라서 생산비가 상승하게 되어 높은 가격 책정이 불가피하다.
⑤ 진입기업이 많아지면 가격이 상승한다.

3) 독점적 경쟁 효과

① 독점적 경쟁시장에서 장기에 기업의 진입과 탈퇴가 자유롭다.
② 시장의 크기가 주어진 경우 진입하는 기업이 많아질 경우 경쟁이 극심하여 낮은 가격 책정이 불가피하다.
③ 진입기업이 많아지면 가격이 하락한다.

4) 무역의 발생 및 효과

① 제품차별화에 따른 다양성의 이득하에서 규모의 경제 효과에 의하여 무역이 발생가능하다.
② 무역의 발생은 시장규모의 확대를 가져온다.
③ 시장규모가 확대되면, 진입기업의 수가 많아지고, 그에 따라 가격은 하락한다.
④ 즉, 진입기업의 수가 많아지더라도 이는 무역에 따른 시장규모의 확대로 커버되고, 그로 인해 규모의 경제 효과가 작동하고, 낮은 가격 책정이 가능해지는 것이다.
⑤ 결국 무역은 규모의 경제 실현을 가능케 하고 제품의 다양성을 높여 소비자 후생을 높인다.

ISSUE 05 관세정책

1 관세

1) 관세의 효과

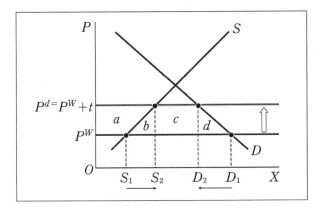

① 관세 부과 이전의 상황

 ⅰ) 국제시장가격 : P^W

 ⅱ) 국내시장가격 : P^W

 ⅲ) 국내생산량 : S_1, 국내소비량 : D_1

 ⅳ) 해외수입량 : $D_1 - S_1$

② 관세 부과 이후의 상황

 ⅰ) 국제시장가격 : P^W

 ⅱ) 국내시장가격 : $P^W + t$

 ⅲ) 국내생산량 : S_2, 국내소비량 : D_2

 ⅳ) 해외수입량 : $D_2 - S_2$

③ 관세 부과 전후의 비교

 ⅰ) 국제시장가격 : P^W 동일

 ⅱ) 국내시장가격 : P^W 에서 $P^W + t$ 로 상승

 ⅲ) 국내생산량 : S_1 에서 S_2 로 증가, 국내소비량 : D_1 에서 D_2 로 감소

 ⅳ) 해외수입량 : $D_1 - S_1$ 에서 $D_2 - S_2$ 로 감소

 ⅴ) 소비자잉여 변화 ΔCS : $a + b + c + d$ 만큼 감소

 ⅵ) 생산자잉여 변화 ΔPS : a 만큼 증가

 ⅶ) 정부관세수입 변화 ΔT : c 만큼 증가

viii) 사회총잉여 변화 $\Delta CS + \Delta PS + \Delta T$: $-(a+b+c+d)+a+c = -(b+d)$

ix) 관세부과의 자중손실 : $-(b+d)$

x) 생산왜곡손실 $-b$: 자원을 비효율적인 수입대체재 부문에 배분, 생산하여 발생한 손실

xi) 소비왜곡손실 $-d$: 높은 가격으로 수입재를 소비하기 때문에 발생한 손실

2) 메츨러의 역설

① 대국에서 관세를 부과하면, 수입재의 국제시장가격은 하락한다. 만일 관세부과 후에 수입재의 국제시장가격이 매우 큰 폭으로 하락하는 경우 관세부과 후 국내가격(크게 하락한 국제가격에 관세를 더한 값)이 관세부과 전보다 하락할 수 있다.

② 수입재에 관세를 부과하더라도 수입재의 국내가격이 오히려 하락하여서 관세를 통하여 국내 수입대체재 부문을 보호할 수 없게 된다. 이를 메츨러의 역설이라고 한다.

2 실효보호관세

1) 명목보호율

① 명목보호율은 관세에 의하여 관세부과 후 국내가격이 관세부과 전 국제가격(국내가격)보다 얼마나 상승하는지를 나타낸다.

② 명목보호율 $= \dfrac{\text{관세부과 후 국내가격} - \text{관세부과 전 국제가격(국내가격)}}{\text{관세부과 전 국제가격(국내가격)}}$

2) 실효보호율

① 실효보호율은 관세에 의하여 관세부과 후 부가가치가 관세부과 전 부가가치보다 얼마나 상승하는지를 나타낸다.

② 실효보호율 $= \dfrac{\text{관세부과 후 부가가치} - \text{관세부과 전 부가가치}}{\text{관세부과 전 부가가치}}$

3) 경사관세

① 최종재에 대하여 높은 관세를 부과할수록 관세 부과 후 가격이 크게 상승

② 원자재에 대하여 무관세 또는 낮은 관세를 부과할수록 관세 부과 후 가격이 작게 상승

③ 최종재에 높은 관세를, 중간재에 무관세 혹은 낮은 관세를 부과할수록 부가가치가 커서 실효보호율이 커지며, 이러한 관세 부과를 경사관세라고 한다.

3 반덤핑관세

약탈적인 덤핑의 경우 불공정한 무역수단이므로 이를 방지하기 위한 구제수단이 필요하다. 특히 덤핑관세는 약탈적 덤핑수출에 부과되어 무역구제(trade remedies)의 목적으로 시행된다.

ISSUE **06** 비관세 무역정책

PART · 03

1 수입쿼터

1) 수입쿼터의 효과

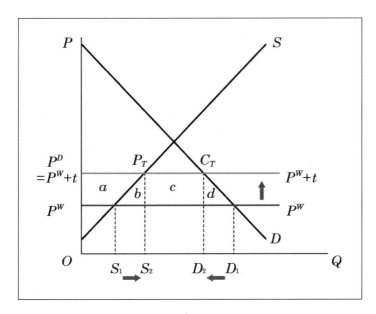

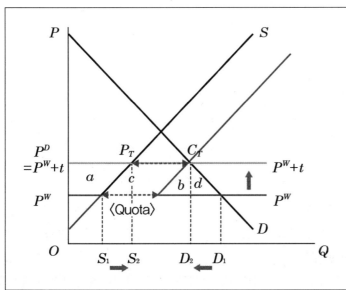

① 수량 할당 이전의 상황

　ⅰ) 국제시장가격 : P^W　　　　　　ⅱ) 국내시장가격 : P^W

　ⅲ) 국내생산량 : S_1, 국내소비량 : D_1　　ⅳ) 해외수입량 : $D_1 - S_1$

② 수량 할당 이후의 상황

　ⅰ) 국제시장가격 : P^W　　　　　　ⅱ) 국내시장가격 : $P^W + t$

　ⅲ) 국내생산량 : S_2, 국내소비량 : D_2　　ⅳ) 해외수입량 : $D_2 - S_2$

③ 수량 할당 전후의 비교

　ⅰ) 국제시장가격 : P^W 동일

　ⅱ) 국내시장가격 : P^W에서 $P^W + t$로 상승

　ⅲ) 국내생산량 : S_1에서 S_2로 증가, 국내소비량 : D_1에서 D_2로 감소

　ⅳ) 해외수입량 : $D_1 - S_1$에서 $D_2 - S_2$로 감소

　ⅴ) 소비자잉여 변화 ΔCS : $a+b+c+d$만큼 감소

　ⅵ) 생산자잉여 변화 ΔPS : a만큼 증가

　ⅶ) 수입업자이득 변화 ΔR : c만큼 증가

　ⅷ) 사회총잉여 변화 $\Delta CS + \Delta PS + \Delta R$: $-(a+b+c+d)+a+c = -(b+d)$

　ⅸ) 관세부과의 자중손실 : $-(b+d)$

　ⅹ) 생산왜곡손실 $-b$: 자원을 비효율적인 수입대체재 부문에 배분, 생산하여 발생한 손실

　ⅺ) 소비왜곡손실 $-d$: 높은 가격으로 수입재를 소비하기 때문에 발생한 손실

2) 수입쿼터와 관세

① 관세는 수입가격에 대한 규제이지만, 수입쿼터는 수입물량에 대한 규제이다.

② 관세는 가격상승폭을 쉽게 알 수 있지만, 수입쿼터는 가격상승폭을 예측하기 어렵다.

③ 관세는 보호의 정도를 측정할 수 있지만, 수입쿼터는 보호의 정도를 측정하기 어렵다.

④ 관세는 수입규제효과가 불확실하지만, 수입쿼터는 수입량을 확실하게 제한한다.

⑤ 관세는 정부가 관세수입을 갖지만, 수입쿼터는 수입업자의 이득이 된다.

⑥ 수입재에 대한 수요가 증가할 경우

　ⅰ) 관세정책의 경우 국내가격이 일정하므로 수요증가분이 수입량이 늘어서 충당된다. 따라서 국내생산은 증가하지 않는다.

　ⅱ) 그러나 수입쿼터의 경우 수요가 증가하더라도 수입물량은 제한되어 있으므로 국내가격이 상승하게 된다. 따라서 국내생산이 증가한다.

2 수출보조금

1) 수출보조금의 효과

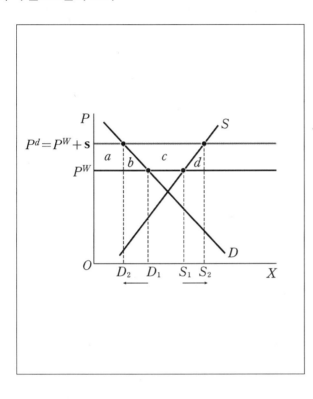

① 국제시장가격 : P^W 동일

② 국내시장가격
  : P^W에서 $P^W + s$로 상승

③ 국내생산량
  : S_1에서 S_2로 증가

④ 국내소비량
  : D_1에서 D_2로 감소

⑤ 소비자잉여 변화 ΔCS
  : $a + b$만큼 감소

⑥ 생산자잉여 변화 ΔPS
  : $a + b + c$만큼 증가

⑦ 정부의 보조금 지출 : $b + c + d$

⑧ 자중손실 : $-(b + d)$

2) 대국의 수출보조금

① 대국에서 수출보조금이 지급될 경우, 수출보조금으로 인해서 수출공급량이 늘어나고 이로 인해 수출재의 가격이 하락하게 된다.

② 수출재가격의 하락으로 인하여 교역조건이 악화되어 사회순손실이 더욱 악화된다.

ISSUE 07 경제통합

1 경제통합의 유형

1) 자유무역지역(free trade area)

① 가맹국 간에는 관세를 완전히 철폐, 역외국가에 대해서는 가맹국이 개별적으로 관세를 부과

② NAFTA(북미자유무역협정)

2) 관세동맹(customs union)

① 가맹국 간에는 관세를 완전히 철폐, 역외국가에 대해서 공동관세를 부과

② 과거 1957년 로마조약에 의한 EEC(유럽경제공동체)

3) 공동시장(common market)

① 관세, 생산요소 이동 자유화

ⅰ) 가맹국 간에는 관세를 완전히 철폐, 역외국가에 대해서 공동관세를 부과

ⅱ) 가맹국 간 생산요소의 자유로운 이동을 허용

② 과거 EU의 과거형태인 EC와 1992년 결성된 EU(유럽연합)

4) 경제동맹(economic union)

① 관세, 생산요소 이동 자유화, 정책협조

ⅰ) 가맹국 간에는 관세를 완전히 철폐, 역외국가에 대해서 공동관세를 부과

ⅱ) 가맹국 간 생산요소의 자유로운 이동을 허용

ⅲ) 가맹국 간 상호협조하에 재정, 금융정책을 실시

② 1999년 공동화폐 유로통화를 사용하게 된 EU(유럽연합)

2 경제통합의 효과

1) 무역창출효과(trade creation)

① 관세동맹 이전에는 가맹국 사이에 없었던 무역기회가 관세동맹 이후에 생겨나게 된다.

② 고비용국의 생산자로부터 저비용국의 생산자에게로 생산기회가 이동하면서 자원을 보다 효율적으로 이용할 수 있게 된다.

2) 무역전환효과(trade diversion)

① 관세동맹 이전에는 저비용 비가맹국으로부터 수입해오던 것을 관세동맹 이후에 고비용 가맹국으로 전환하여 수입하는 경우 발생한다.

② 저비용국의 생산자로부터 고비용국의 생산자에게로 수입기회가 전환되면서 자원의 효율적 배분에 역행하게 된다.

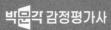

CHAPTER

02

국제금융이론

ISSUE 01 국제수지표

1 국제수지표

국제수지표는 일정 기간 동안에 일국의 거주자와 여타국의 거주자들 사이에 발생한 모든 경제적 거래를 체계적으로 분류한 표를 의미한다.

2 국제수지의 분류

국제수지표는 다음과 같이 경상수지와 자본금융계정으로 구성되어 있다.

1) 경상수지

① 상품수지 : 상품의 수출과 수입
② 서비스수지 : 서비스의 국가 간 거래(운송, 여행, 통신, 보험, 지재권 사용료, 정부서비스 등)
③ 본원소득수지 : 우리가 외국에서 벌어들인 소득과 외국인이 우리나라에서 벌어간 소득(근로소득, 이자소득, 배당소득 등)
④ 이전소득수지 : 대가 없는 송금, 구호 및 원조를 위한 식량, 의약품, 국제기구 출연금 등

2) 자본금융계정

① 자본수지
  ⅰ) 토지, 지하자원 등 비생산유형자산 거래
  ⅱ) 채무면제, 해외이주비, 투자보조금 지급 등

② 금융계정
  ⅰ) 직접투자 : 해외기업에 대한 경영참여 등과 같은 장기적인 대외투자
  ⅱ) 증권투자 : 외국과의 주식 및 채권거래
  ⅲ) 파생금융상품투자 : 외국과의 파생상품거래
  ⅳ) 기타투자 : 직접투자, 증권투자, 파생금융상품투자에 포함되지 않는 외국과의 모든 금융거래(대출, 차입, 외상수출입 시 발생하는 무역신용 등)
  ⅴ) 준비자산 : 중앙은행의 외환보유액의 변화(중앙은행이 외환시장에서 외환 매입, 매도)

ISSUE 02 국제수지 결정이론

1 폐쇄경제하 국민소득 결정이론

폐쇄경제에서 국민소득은 다음과 같이 결정된다.

$Y = C + I + G$ (단, C : 소비, I : 투자, G : 정부지출)

2 개방경제하 국민소득 결정이론

수출입을 고려한 개방경제에서 국민소득은 다음과 같이 결정된다.

$Y = C + I + G + X - M$ (단, C : 소비, I : 투자, G : 정부지출, X : 수출, M : 수입)

3 국제수지와 국민소득

1) 소득 – 지출 접근법

위의 식을 다음과 같이 변형해 보자.

$AD = C + I + G(AD$: 국내총지출)를 도입하면 $Y - AD = X - M$이 된다.

이는 (소득 – 지출) = (수출 – 수입)임을 의미하며, 소득이 지출보다 크면, 수출이 수입보다 크다는 뜻이다.

2) 저축 – 투자 접근법

$Y = C + I + G + X - M$ (단, C : 소비, I : 투자, G : 정부지출, X : 수출, M : 수입)에서 $Y \equiv C + S + T$로서 항등식이다.

따라서 개방경제의 국민소득 결정식을 변형해보면 다음과 같다.

$S + T + M = I + G + X$ 가 되어 $(S - I) + (T - G) = (X - M)$이 된다.

이는 (저축 – 투자) = (수출 – 수입)임을 의미하며, 저축이 투자보다 크면, 수출이 수입보다 크다는 뜻이다.

PART · 03

ISSUE 03　환율의 의의

1　환율의 개념

1) 환율은 국내통화와 외국통화 간의 교환비율을 말한다.

2) 보통의 경우 외국화폐와 교환되는 국내화폐의 양이다.

3) 환율은 외화의 자국화폐로 표시한 가격이다.

4) 환율이 변하면 수출재와 수입재의 가격이 변하여 수출입에 영향을 준다.

2　환율변화의 원인과 효과

1) 환율상승의 원인

① 미국의 기준금리 인상

② 외국의 기관투자가들이 우리나라 주식을 매각

③ 국제금융시장의 불확실성 증가로 달러수요 증가

④ 대미 달러 환율 상승의 기대로 인한 달러가수요 증가

⑤ 소규모 국가에서 대규모 자본도피 발생

⑥ 외국인의 국내주식 투자 위축

⑦ 자국 은행의 해외대출 증가

⑧ 실질환율 불변인 상황에서 자국의 인플레이션율만 상승

2) 환율하락의 원인

① 대규모 외국인 직접투자

② 우리나라의 이자율만 상대적으로 상승

③ 우리나라 채권에 대한 미국투자자들의 수요가 증가

④ 외국인의 우리나라 주식투자 확대

⑤ 확장적 재정정책, 긴축적 통화정책

⑥ 원유수입액의 감소

⑦ 반도체 수출액의 증가

3) 환율상승 추세지속의 효과 → 수출 증가, 수입 감소, 외국 여행을 앞당기기

4) 환율하락 추세지속의 효과 → 수출 감소, 수입 증가, 외국관광객 감소

3 교차환율 : 한국, 미국, 일본 3국 사이의 환율

$$\frac{달러의\ 원화표시\ 환율\ \text{₩}/\$}{달러의\ 엔화표시\ 환율\ \text{¥}/\$} = \frac{1,100원}{110엔} = \frac{1,100원 \times \dfrac{100}{110}}{110엔 \times \dfrac{100}{110}} = \frac{1,000원}{100엔}$$

4 실질환율

1) 구매력 평가설에 의하면, 명목환율은 양국의 물가수준에 의하여 결정된다.

2) 그러나 현실에서 환율은 양국의 구매력을 충분히 반영하지 못한다. 따라서 양국의 구매력의 차이를 나타내는 척도가 필요한데 이를 실질환율이라고 하며, 자국상품과 외국상품의 교환비율을 의미한다.

3) 실질환율은 외국상품 1단위와 교환되는 자국상품의 양으로서 $q = \dfrac{eP^*}{P}$ 로 표시할 수 있다.

4) 명목환율이 상승하면 실질환율은 상승한다.

5) 실질환율은 외국재화의 자국재화에 대한 상대가격이다.

6) 실질환율을 변화율로 표시하면, $\hat{q} = \hat{e} + \widehat{P^*} - \hat{P}$ 가 된다.

5 환율상승과 수출입

1) 환율상승에 따른 수출금액의 변화

① 환율을 반영하여 수출함수를 나타내면 다음과 같다.

$X = X(\dfrac{P}{e})$ (단, e : 환율, $\dfrac{P}{e}$: 외국화폐로 표시한 수출재화가격)

② 환율상승 시 외국화폐로 표시된 수출재화가격이 하락하므로 외국에서 수출수요가 증가한다.

③ 환율상승 시 총수출금액은 수출재화가격 하락과 이에 따른 수출수요 증가에 의해 결정된다.

④ 만일 수출재화가격 하락효과보다 수출수요 증가가 큰 경우에는 총수출금액이 증가한다.

2) 환율상승에 따른 수입금액의 변화

① 환율을 반영하여 수입함수를 나타내면 다음과 같다.

$M = M(e \cdot P^*)$(단, e : 환율, eP^* : 자국화폐로 표시한 수입재화가격)

② 환율상승 시 자국화폐로 표시된 수입재화가격이 상승하므로 자국에서 수입수요가 감소한다.

③ 환율상승 시 총수입금액은 수입재화가격 상승과 이에 따른 수입수요 감소에 의해 결정된다.

④ 만일 수입재 재화가격 상승효과보다 수입수요 감소가 큰 경우에는 총수입금액이 감소한다.

3) 환율상승에 따른 경상수지의 변화와 마샬 – 러너 조건

① 환율상승에 따른 경상수지의 변화는 환율상승에 따른 수출금액의 변화와 수입금액의 변화를 모두 고려해야 한다.

② 마샬–러너 조건에 의하면 환율상승 시 경상수지가 개선되기 위해서 외국의 수입수요탄력성 (외국의 자국수출재에 대한 수요탄력성)과 자국의 수입수요탄력성의 합이 1보다 더 커야 한다.

4) J–curve 효과

① 단기적으로 수출가격은 바로 하락하지만, 수출물량은 곧바로 늘지 못하기 때문에 수출액이 감소하면서 국제수지가 악화된다.

② 시간이 흐름에 따라서 서서히 수출물량이 증가하면서 수출액도 증가하여 국제수지가 개선된다.

ISSUE 04 환율결정이론 1 - 구매력 평가설

1 일물일가의 법칙

무역에 따른 규제, 운송비, 각종 거래비용 등이 없는 상황에서 가격이 신축적인 경우, 국가 간에 무역이 완전히 자유롭다면, 동일한 재화에 대한 자국의 가격과 외국의 가격이 같아지는 일물일가의 법칙이 성립한다.

2 절대적 구매력 평가설

1) 의의

만일 모든 재화에 대하여 일물일가의 법칙이 성립한다면, 자국과 외국 모두 소비패턴이 동일하고 모든 재화에 대한 가중치가 동일한 경우 환율은 양국의 물가, 즉 구매력에 의해서 결정된다. 이를 구매력 평가설이라고 한다.

2) 절대적 구매력 평가설에 의한 환율

① 환율 $e = \dfrac{P}{P^*}$ 즉, 자국물가와 외국물가의 비율이 된다.

② 환율 $e = \dfrac{1/P^*}{1/P}$ 로서 외국화폐의 구매력과 자국화폐의 구매력의 비율이 된다.

3) 절대적 구매력 평가설과 실질환율

① 실질환율은 자국상품과 외국상품의 교환비율이므로 외국상품 1단위와 교환되는 자국상품의 양을 의미하며 실질환율은 $q = \dfrac{e P^*}{P}$ 로 표시할 수 있다.

② 즉, 구매력 평가설이 성립하면, 실질환율이 1이 됨을 알 수 있다.

3 상대적 구매력 평가설

1) 의의

구매력 평가설을 현실적으로 적용해보면, 반드시 절대적 구매력 평가설이 성립하지는 않더라도 양국의 물가와 환율 사이에 일정한 관계가 성립할 수 있다. 양국의 물가상승률과 환율상승률 간의 일정한 관계를 상대적 구매력 평가설이라고 한다.

2) 산식

① 환율 $e = \dfrac{P}{P^*}$ 을 증가율 형태로 변화시킨다.

② $\hat{e} = \hat{P} - \widehat{P^*}$ 이 된다(환율상승률 = 자국의 물가상승률 − 외국의 물가상승률).

③ 자국의 인플레이션이 외국보다 높으면, 자국화폐가치가 하락하여 환율이 상승한다.

4 구매력평가설과 빅맥환율 사례

X1년		X2년	
원화가격(한국)	달러가격(미국)	원화가격(한국)	달러가격(미국)
5,000원	5달러	5,400원	6달러

1) X1년의 환율

동일한 빅맥이 X1년 미국에서는 5달러, 한국에서는 5,000원에 판매되고 있다.

빅맥가격을 이용한 구매력 평가설에 의한 환율 $e = \dfrac{P}{P^*} = \dfrac{5,000}{5} = 1,000$(원/달러)가 된다.

2) X2년의 환율

동일한 빅맥이 X2년 미국에서는 6달러, 한국에서는 5,400원에 판매되고 있다.

빅맥가격을 이용한 구매력 평가설에 의한 환율 $e = \dfrac{P}{P^*} = \dfrac{5,400}{6} = 900$(원/달러)가 된다.

ISSUE 05 환율결정이론 2 - 이자율 평가설

1 의의

국가 간에 자본이동이 완전히 자유롭다면, 자국의 원화예금수익률(투자수익률)과 외국의 외화예금
수익률(투자수익률)이 같아지는데 이를 이자율 평형 혹은 이자율 평가라고 한다. 이는 재화시장의
일물일가법칙이 국제금융시장에 적용된 것으로 볼 수 있다.

2 이자율 평가

1) 이자율 평가설에 의하면, 이자율 평가가 성립하여 양국의 기대예금수익률이 같아질 때, 더 이상
   재정차익거래가 불가능하게 되어 외환시장 균형이 달성되고 환율이 결정된다. 이자율 평가가 성
   립하면 $i = i^* + \dfrac{e^e - e}{e}$ (단, i : 자국이자율, i^* : 외국이자율, e^e : 예상환율)가 성립한다.

2) 특히, 위의 이자율 평가는 외국의 외화예금기대수익률에 예상환율 또는 예상환율상승률이 포함
   되어 있어서 위험을 내포하고 있다. 따라서 유위험 이자율 평가라고도 한다.

3 커버된 이자율 평가

1) 위험을 내포하고 있는 경우 선물환율을 이용하여 위험을 제거할 수 있다. 이와 같이 이자율 평가
   에 선물환율을 사용하여 양국의 기대수익률이 동일해지는 것을 무위험 이자율 평가 혹은 커버된
   이자율 평가라고 한다.

2) 따라서 무위험 이자율 평가식은 예상환율 대신에 선물환율을 사용하므로
   $i = i^* + \dfrac{F - S}{S}$ (단, F : 선물환율, S : 현물환율)와 같이 표현된다.

4 피셔방정식, 구매력 평가설, 이자율 평가설 간의 관계

1) 피셔방정식

① $i = r + \pi^e$ (단, i : 명목이자율, r : 실질이자율, π^e : 예상물가상승률)

② 외국을 고려하면

$i^* = r^* + \pi^{e^*}$ (단, i^* : 명목이자율, r^* : 실질이자율, π^{e^*} : 예상물가상승률)

③ 자국과 외국을 동시에 고려하면, $(i - i^*) = (r - r^*) + (\pi - \pi^{e^*})$가 된다.

2) 구매력 평가설

① $e = \dfrac{P}{P^*}$이며 이를 변화율 형태로 바꾸면 $\hat{e} = \hat{P} - \hat{P^*} = \pi - \pi^*$가 된다.

② 여기에 예상을 고려하면 $\hat{e^e} = \hat{P^e} - \hat{P^{e^*}} = \pi^e - \pi^{e^*}$이므로 $\hat{e^e} = \pi^e - \pi^{e^*}$가 된다.

3) 이자율 평가설

① $i = i^* + \dfrac{e^e - e}{e}$이므로 $i - i^* = \dfrac{e^e - e}{e}$가 된다.

② $i - i^* = \dfrac{e^e - e}{e}$은 예상환율상승률이므로 $i - i^* = \hat{e^e}$가 된다.

4) 위의 식을 정리하면 다음과 같다.

① 피셔방정식 $(i - i^*) = (r - r^*) + (\pi^e - \pi^{e^*})$

② 구매력 평가설 $\hat{e^e} = \pi^e - \pi^{e^*}$

③ 이자율 평가설 $i - i^* = \hat{e^e}$

②와 ③을 ①에 대입하면 $\hat{e^e} = (r - r^*) + \hat{e^e}$가 된다. 따라서 $r = r^*$가 된다.

5) 결론적으로 피셔방정식, 구매력 평가설, 이자율 평가설이 성립하는 경우 양국의 실질이자율은 동일하게 된다.

ISSUE 06 IS-LM-BP 모형

1 고정환율제도에서 재정정책의 효과

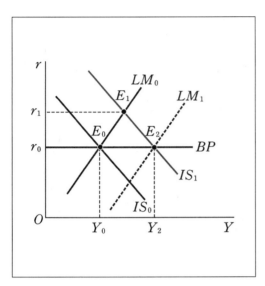

① 최초균형 E_0, 국내금리 = 국제금리 = r_0
② 확대재정정책 $IS_0 \rightarrow IS_1$
③ 대내균형 $E_0 \rightarrow E_1$ (이자율상승, 소득증가)
④ 대외불균형 : 국내금리 r_1 > 국제금리 r_0
⑤ 자본 유입, 국제수지 흑자, 환율하락 압력
⑥ 고정환율을 유지하기 위해 외환시장에 개입
⑦ 외환매입, 자국통화매도, 국내통화량 증가
⑧ $LM_0 \rightarrow LM_1$ 으로 이동하며, 이자율 하락
⑨ LM의 이동은 국내금리가 높은 한은 계속,
　국제수지(BP)가 균형이 될 때까지 계속
⑩ 새 균형 E_2는 국민소득 증가, 이자율 불변

2 고정환율제도에서 통화정책의 효과

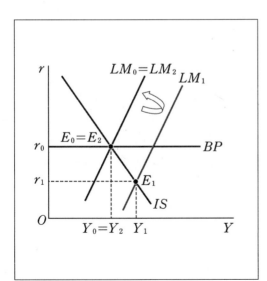

① 최초균형 E_0, 국내금리 = 국제금리 = r_0
② 확대통화정책 $LM_0 \rightarrow LM_1$
③ 대내균형 $E_0 \rightarrow E_1$ (이자율하락, 소득증가)
④ 대외불균형 : 국내금리 r_1 < 국제금리 r_0
⑤ 자본 유출, 국제수지 적자, 환율상승 압력
⑥ 고정환율을 유지하기 위해 외환시장에 개입
⑦ 외환매도, 자국통화매입, 국내통화량 감소
⑧ $LM_1 \rightarrow LM_2$ 으로 이동하며, 이자율 상승
⑨ LM의 이동은 국내금리가 낮은 한은 계속,
　국제수지(BP)가 균형이 될 때까지 계속
⑩ 새 균형 E_2는 국민소득 불변, 이자율 불변

3 변동환율제도에서 재정정책의 효과

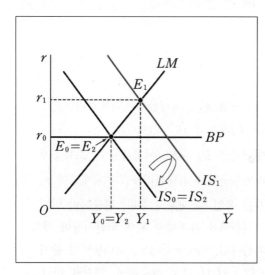

① 최초균형 E_0 , 국내금리 = 국제금리 = r_0
② 확대재정정책 $IS_0 \rightarrow IS_1$
③ 대내균형 : $E_0 \rightarrow E_1$ (이자율상승, 소득증가)
④ 대외불균형 : 국내금리 r_1 > 국제금리 r_0
⑤ 자본 유입, 국제수지 흑자, 환율하락 압력
⑥ 중앙은행은 외환시장에 개입하지 않는다.
⑦ 환율하락으로 순수출 감소
⑧ $IS_1 \rightarrow IS_2$ 이동, 국민소득 감소, 이자율 하락
⑨ IS의 이동은 국내금리가 높은 한은 계속,
　국제수지(BP)가 균형이 될 때까지 계속
⑩ 새 균형 E_2는 국민소득 불변, 이자율 불변

4 변동환율제도에서 통화정책의 효과

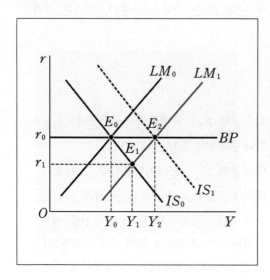

① 최초균형 E_0 , 국내금리 = 국제금리 = r_0
② 확대통화정책 $LM_0 \rightarrow LM_1$
③ 대내균형 $E_0 \rightarrow E_1$ (이자율하락, 소득증가)
④ 대외불균형 : 국내금리 r_1 < 국제금리 r_0
⑤ 자본 유출, 국제수지 적자, 환율상승 압력
⑥ 중앙은행은 외환시장에 개입하지 않는다.
⑦ 환율상승으로 순수출 증가
⑧ $IS_0 \rightarrow IS_1$ 이동, 국민소득 증가, 이자율 상승
⑨ IS의 이동은 국내금리가 낮은 한은 계속,
　국제수지(BP)가 균형이 될 때까지 계속
⑩ 새 균형 E_2는 국민소득 증가, 이자율 불변

5 각종 충격의 효과

1) 화폐수요의 감소 : LM곡선 우측이동

2) 해외이자율의 상승 : BP곡선 상방이동

3) 자국위험할증의 증가 : BP곡선 상방이동

ISSUE 07 국제통화제도

1 금본위제도(1800년대~1914년, 고정환율제도)

1) 국가마다 자국통화와 금과의 일정한 교환비를 설정한다(금을 기준으로 고정환율).

2) 금을 중심으로 서로 다른 국가 간 화폐의 교환비율인 환율도 계산된다(법정평가).

3) 금본위제하에서는 국제수지 불균형이 자동으로 조정된다.

① 국제수지 불균형 → 통화량 변화 → 가격 변화 → 수출입 변화 → 국제수지 균형

② 흄(David Hume), 가격 – 정화 – 흐름 메커니즘

2 세계대전기간 환율제도(1914~1945년, 변동환율제도, 고정환율제도)

1) 1차 세계대전 발발 후 각국은 전시재정에 필요한 통화발행을 위해서 금본위제도를 포기하고 변동환율제도를 채택하면서 결국 금본위제도는 붕괴되었다.

2) 전후 초인플레이션에 따라서 환율고정 필요성이 증대되어 각국은 금본위제로 복귀하였다.

3) 1930년대 대공황으로 세계각국은 자국산업을 보호하기 위해서 경쟁적으로 평가절하를 실시하고 관세장벽을 높여서 이른바 근린궁핍화정책을 실시하면서 금본위제는 붕괴되었다.

3 브레튼우즈 체제(1945~1971년, 고정환율제도, 금환본위)

1) 금과 미국달러 간에 고정교환비율을 설정하고, 가맹국가들의 통화는 미국달러와 고정교환비율을 설정하는 고정환율제도이며, 금과 태환되는 미국달러가 국제준비자산이므로 금환본위제도라고 한다.

2) 계속되는 미국의 국제수지 적자로 인해서 1971년 미국은 금과 달러의 태환 중지를 선언함으로 브레튼우즈 체제는 붕괴되었다.

4 스미소니언 체제(1972~1975년, 스네이크 시스템)

1) 브레튼우즈 체제 붕괴 이후 1971년 12월 미국 워싱턴 스미소니언에 모여 금-달러 비율을 조정하여 달러를 평가절하하였다. 결국 다른 나라 통화는 평가절상되었다.

2) 환율제도는 중심환율로부터 환율이 변동할 수 있는 밴드(대역)를 2.25%로 하였고 이 모습이 마치 뱀이 움직이는 모습과 비슷하다고 하여 스네이크 시스템이라고 하였다.

5 킹스턴 체제(1976년 이후, 자유변동환율제도)

1) 1976년 1월 자메이카 킹스턴에서 IMF는 스미소니언 체제를 자유변동환율제도(킹스턴 체제)로 전환하였다.

2) 킹스턴 체제에서는 회원국들에게 독자적으로 환율제도를 선택할 수 있는 재량권을 부여하였고 각국 중앙은행은 환율변동성을 줄이기 위해서 시장에 개입할 수 있도록 하였다.

6 플라자협정(1985년, 협조적 외환시장개입)

1) 1980년대 초 미국의 불황 상황에서 레이건행정부의 조세감면정책은 팽창적 재정정책으로서 이자율을 높이고 달러가치를 더욱 상승시켰다. 강한 달러는 미국의 경상수지 적자를 더욱 심화시켰고, 조세감면으로 인한 재정수입감소는 재정적자로 이어지게 되었다.

2) 플라자협정은 미달러의 평가절하를 위해서 G-5 중앙은행들이 동시에 외환시장에 개입하여 보유달러를 매각하는 것이었으며 이로 인해 달러가치는 급속히 하락하였다.

7 루브르협정(1987년, 목표환율대제도)

1987년 G-5와 캐나다는 파리 루브르박물관에서 환율안정을 위한 협정을 체결하였는데, 목표환율대(target zone)를 설정하고 외환시장개입을 통해 이 환율대 안에서 환율을 안정시키기로 하였으며 동시에 재정·통화정책에 있어서 상호 협조하기로 하였다.

8 최적통화지역(optimum currency area)

1) 최적통화지역이란 단일통화가 통용되기에 가장 이상적인 크기의 지역을 말한다. 단일통화는 사실상 환율고정과 유사하므로, 최적통화지역은 바로 고정환율제도의 유지에 가장 적당한 크기의 지역이다.

2) 세계적으로 고정환율제도를 시행하자는 것은 전세계를 하나의 최적통화지역으로 보는 것이고, 모든 국가가 변동환율제도를 택하자는 것은 개별국가가 하나의 최적통화지역이라는 것이다.

9 환율제도의 선택과 삼자택일 딜레마

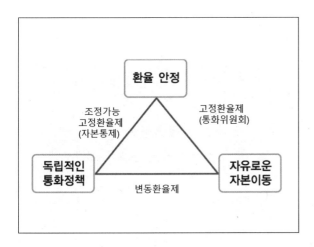

1) 크루그만의 불가능한 삼위일체 혹은 삼자택일의 딜레마(trilemma)

2) 개방거시경제의 목표인 통화정책의 자주성, 자본이동의 자유성, 환율의 안정성 모두를 달성하기는 불가능

3) 환율을 안정적으로 유지(고정환율유지)하고 국가 간 자유로운 자본이동을 허용하며, 자국의 독자적인 통화정책을 보장하는 환율제도는 없다.

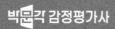
박문각 감정평가사

박문각 감정평가사

조경국 경제학원론
1차 | 단권화 합격노트

제4판 인쇄 2025. 6. 20. | **제4판 발행** 2025. 6. 25. | **편저자** 조경국

발행인 박 용 | **발행처** (주)박문각출판 | **등록** 2015년 4월 29일 제2019-0000137호

주소 06654 서울시 서초구 효령로 283 서경 B/D 4층 | **팩스** (02)584-2927

전화 교재 문의 (02)6466-7202

저자와의
협의하에
인지생략

정가 18,000원
ISBN 979-11-7262-797-3